DARLENE ZSCHECH

ADORACIÓN SIN RESERVAS

CASA
CREACIÓN
A STRANG COMPANY

Adoración sin reservas por Darlene Zschech
Publicado por Casa Creación
Una división de Strang Communications Company
600 Rinehart Road
Lake Mary, Florida 32746
www.casacreacion.com

A menos que se indique lo contrario, todos los textos bíblicos han sido tomados de la versión Reina-Valera, revisión 1960, de la Biblia.

Traducido y editado por:
Pica y 6 Puntos

Diseño Interior:
Grupo Nivel Uno Inc.

ISBN: 978-0-88419-907-6

Impreso en los Estados Unidos de América © 2002 Este libro fue publicado originalmente en inglés con el título: *Extravagant Worship* por Bethany Publishers

10 11 12 13 ❖ 12 11 10 9

SANTO, SANTO, SANTO

ES EL SEÑOR

DIOS TODOPODEROSO,

EL QUE ERA,

EL QUE ES,

Y EL QUE HA DE VENIR...

APOCALIPSIS 4:8

RECONOCIMIENTOS

Hay algunas personas extraordinarias cuyos nombres deberían aparecer rodeados de luces parpadeantes... pues este libro no habría sido posible sin ellos.

JOSH BONETT

Tu increíble apoyo y fe en Mark y en mí ha hecho posible que alcancemos algunas de las cosas con las que tanto hemos soñado. Gracias por tus esfuerzos incansables y ¡gracias por tomar de mi corazón este libro para imprimirlo con tanta belleza! Te amamos.

MIFFY SWAN

¡Qué mujer tan sensacional eres! Hiciste esta travesía tan maravillosa para Mark y para mí. Gracias por "correr la carrera", literalmente, con nosotros. Te amamos.

MELINDA HOPE

Gracias, mi querida amiga, por publicarme. No pasa un día en que no agradezca a Dios por nuestro día "milagroso". Mark, las niñas y yo te amamos y valoramos más de lo que te imaginas.

JULIAN SYLVESTER

Gracias, amiga. No importa lo que cueste, ese es tu estandarte en la vida ¡ve tras él!

CRIS BOLLEY

Gracias, mujer hermosa, por creer lo suficiente en este proyecto como para permitir que esta escritora inexperta alcanzara su máximo potencial... eres todo un regalo.

Gracias a todas las personas que nos ayudaron a formar este libro: Simone Ridley, Tam Tickner, Steve McPherson, Erica Crocker, Mark Hopkins, Susan Sohn, Robert Fergusson y Emerald Press. ¡Qué gran equipo!

GRACIAS

A MI PRECIOSO SEÑOR

Ruego que mi vida refleje un agradecimiento a ti, pues las palabras no son suficientes para expresar lo profundo de mi amor y adoración. Soy, y siempre seré, tuya.

A MI ENCANTADOR HOMBRE, MARK

Tu fuerza y dedicación a Cristo fueron lo que primero me atrajo a ti (ah, ¡y tu buena apariencia no me molestó!) Gracias por dejarme en libertad y por creer en mí. Gracias por darme alas para volar; pero, más que nada, gracias por amarme como lo haces. Te amo.

A MIS HIJAS

El tesoro de mi corazón, Amy, Chloe y Zoe Jewel. Todas son hermosas, más allá de toda descripción, por dentro y por fuera. Considero un privilegio ser su madre. Las adoro, gracias por su paciencia mientras escribía y escribía y escribía… Con amor, mamá.

A LA IGLESIA HILLSONG

Gracias también a la maravillosa familia que tenemos en la iglesia Hillsong Church, ¡la mejor iglesia del mundo! Y gracias a nuestros pastores y amigos Brian y Bobbie Houston, Stephen y Donna Crouch, George y Margaret Aghajanian; la lista podría continuar y continuar. Su compromiso con Cristo es inspirador y nuestro compromiso con cada uno de ellos es algo que valoro más de lo que puedo expresar. Con todo mi amor...

AL EQUIPO DE ALABANZA Y ARTES CREATIVAS

Servir al Rey junto a hombres y mujeres de Dios tan buenos como ustedes, es una de las cosas que más me gustan en la vida. Me han enseñado tanto; los honro y los amo a todos. Recuerden, nuestros mejores días aún están por delante.

Los amo.

RECOMENDACIONES

Dios está usando a Darlene para cambiar la forma en que las personas adoran alrededor del mundo. Mi familia y yo, hemos sido impactados por su ministerio y su pasión por la presencia de Dios. Más que una cantante y compositora con talento, Darlene es una verdadera líder, apasionada por adorar al Padre en espíritu y en verdad; que, además está comprometida a levantar en todo el mundo a otros, a hacer lo mismo. Ella es real, transparente y vulnerable como líder de alabanza, pero lo que es más importante, es la misma persona cuando está frente a miles de personas que cuando no lo está. Me honra recomendar el ministerio de Darlene. Al leer este libro, sé que usted no volverá a ser el mismo.

DON MOEN

Cuando canté por primera vez las canciones de Darlene, supe que había una unción muy especial en ella, pero no estaba preparado para lo impactante que fue para mí presenciar personalmente cómo dirigía ella la alabanza.

DR. R.T. KENDALL

CAPILLA DE WESTMINSTER

Dios ha bendecido a Darlene con grandes talentos y con Su espíritu. La fe de Darlene le ha permitido ministrar a innumerables personas. Sin duda, la mano de Dios está sobre el ministerio de esta mujer.

MICHAEL YOUSSEF

LEADING THE WAY CON DR. MICHAEL YOUSSEF

La pasión de Darlene por el Señor y por alabarlo, puede escucharse con claridad a través de su música y su canto. Inspírese al leer los tesoros del corazón de una verdadera adoradora.

MICHAEL W. SMITH

CANTANTE Y COMPOSITOR

A donde sea que vaya en el mundo, alguien, en algún lugar, estará cantando una de las canciones de Darlene. Estas canciones han tocado a la iglesia de una manera increíble y se han convertido en himnos para esta generación que ha resurgido. Sé que todos nos podemos beneficiar al leer este libro.

MARTIN SMITH
MIEMBRO DEL GRUPO MUSICAL *DELIRIOUS?*

La pasión, el espíritu y la música de Darlene han capturado los corazones de millones de adoradores alrededor del mundo. Sin embargo, como una amiga personal, he podido verla como esposa, madre, pastora y líder. La humildad, conocimiento y experiencia de Darlene lo ayudarán a usted a abrir la puerta del lugar secreto. Si usted está listo para conocer más a Dios ¡prepárese para leer!

ALVIN SLAUGHTER
MINISTRO DE MÚSICA Y CONCERTISTA

Pastor principal de la Iglesia Comunitaria de Willow Creek Cuando los historiadores de la iglesia reflexionen en la revolución de alabanza que ocurrió en el comienzo del siglo veintiuno, reconocerán que Darlene Zschech tuvo un papel principal en ella.

BILL HYBELS
PASTOR DE LA IGLESIA WILLOW CREEK COMMUNITY CHURCH

Quizás yo nunca llegue a ser un excelente líder de adoración, pero puedo ser un adorador sin reservas. El libro de Darlene Zschech le enseñará como volverse un excelente adorador. Este libro está lleno de un combustible muy poderoso para su propia adoración. Si hay alguna voz en la actualidad que pueda identificarse con la adoración sin reservas, es la de Darlene Zschech. De lo práctico a lo apasionado, este libro lo dice todo.

TOMMY TENNEY
AUTOR DE *EN LA BÚSQUEDA DE DIOS*
PRESIDENTE Y FUNDADOR DE LA RED *GODCHASERS*

PRÓLOGO

BRIAN HOUSTON

Pastor principal, iglesia Hillsong Church

Todavía recuerdo la primera vez en que Darlene Zchech dirigió la alabanza en nuestra iglesia; en realidad no fue hace tanto tiempo. Luego de muchos años de servir fielmente en el coro y de cantar con nuestro equipo de alabanza, dio un paso valiente; y, posteriormente, resultó ser una de las líderes de alabanza con mayor influencia en el mundo actual.

Su vida y su ministerio son una inspiración para millones, y su canción más célebre *Canta al Señor* continúa siendo una de las canciones de alabanza más populares de la actualidad. La primera vez que la escuché, supe que estaba destinada a ser una gran canción, pero ¡quién habría pensado que sería cantada para el presidente de los Estados Unidos, en el Vaticano y en miles de congregaciones en todo el mundo!

Me fascina lo que Dios ha hecho hasta ahora en la vida de Darlene y sé que tiene mucho más para ella. Sin embargo, lo que en verdad es una bendición para mí, es que siempre es la misma persona, esté o no esté sobre la plataforma. Se mantiene siendo la misma mujer, humilde y afable cuyo corazón siempre ha estado dispuesto a adorar y glorificar a Dios.

Como pastores principales de la iglesia Hillsong Church, mi esposa Bobbie y yo tenemos la bendición de colaborar con Mark y Darlene. No solo tenemos una amistad íntima con ellos, sino que reconocemos que son líderes extraordinarios en el reino, comprometidos a tocar el cielo y a cambiar la tierra.

Si usted anhela convertirse en un adorador extraordinario, este libro lo inspirará, mientras Darlene comparte su trayecto para alcanzar su mayor deseo y pasión: ¡ser una adoradora sin reservas!

Dios los bendiga.

Brian Houston

ÍNDICE

INTRODUCCIÓN

A la tierna edad de quince años, di mi vida al Salvador del mundo, Jesucristo. Desde ese momento, Su plan para mí se ha revelado mientras continúo aprendiendo todos los días que Jesús es, tanto mi Señor como mi mejor Amigo. En mi viaje de descubrimiento, he tenido muchas batallas internas que enfrentar, muchas lecciones que aprender e incontables ideas religiosas que olvidar. Pero, lo más importante, es que también he tenido que entender y valorar el poder de volverse alguien que esté comprometida a alabar a Dios todo el tiempo, cuya pasión para adorar al Rey sea inextinguible, y cuyo único deseo se encuentre en Salmos 73:25-26:

¿A quién tengo yo en los cielos sino a ti?
Y fuera de ti nada deseo en la tierra.
Mi carne y mi corazón desfallecen;
Mas la roca de mi corazón
y mi porción es Dios para siempre

Desde 1986 Dios me ha dado el honor y el privilegio de ser parte del equipo de alabanza en la iglesia Hillsong Church, a las afueras de Sydney, Australia. También he tenido el privilegio de dirigir el departamento de adoración y artes creativas desde 1996. ¡Qué viaje tan increíble ha sido este! En definitiva, ha sido un tiempo en mi vida que fue más allá de lo que hubiera podido pensar o imaginar. Cuando nuestras canciones como *Canta al Señor* comenzaron a extenderse en la alabanza de todo el mundo, nuestra esfera de influencia desde la iglesia Hillsong Church también alcanzó proporciones mundiales. Desde entonces, incontables personas me han pedido que use papel y tinta para explicarles algunas de las cosas que más nos importan en nuestro departamento de alabanza y adoración, aquí en Australia.

Es mi intención, explicar con detalle en este libro algunos de los principios a los que nosotros, como equipo de adoración, nos asimos; y a los cuales nos negamos a renunciar. Por supuesto, yo no tengo todas las respuestas, ya que mi propio trayecto sigue revelándose frente a mí. Pero mientras comparto la visión que se me ha dado para la alabanza y la adoración, confío en que escucharán mi corazón como uno que no está satisfecho con solo hacer música magnífica o cantar canciones hermosas, sino que deseo vean la pasión que tengo por el Reino, todos los días de mi vida.

El anhelo de mi corazón es que cuando Dios busque en la tierra, encuentre en mí a una adoradora sin reservas. Ahora que este libro ha llegado hasta sus manos, ruego que establezca también en su corazón esa búsqueda por ser un adorador sin reservas.

Con todo mi amor,

Darlene Zschech

PRIMERA PARTE

EL
ADORADOR SIN
Reservas

Capítulo uno

LA ADORACIÓN
SIN RESERVAS

LA ADORACIÓN SIN RESERVAS

Todos la conocían como una mujer pecadora, pero su demostración desinteresada de adoración sin reservas cambió la manera en que todos la recuerdan en la actualidad. Jesús se encontraba en Betania, en la casa de un hombre conocido como Simón el Leproso. "Entonces una mujer de la ciudad, que era pecadora, al saber que Jesús estaba a la mesa en casa del fariseo, trajo un frasco de alabastro con perfume; y estando detrás de él a sus pies, llorando, comenzó a regar con lágrimas sus pies, y los enjugaba con sus cabellos; y besaba sus pies, y los ungía con el perfume", (Lucas 7:37-38).

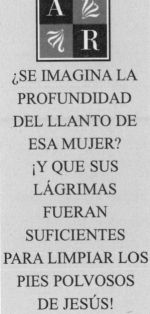

¿Se imagina la profundidad del llanto de esa mujer? ¡y que sus lágrimas fueran suficientes para limpiar los pies polvosos de Jesús! Imagine la gratitud que tenía, que la hizo demostrar con tanta valentía su devoción y adoración al hombre que estaba sentado a la mesa. Lo había escuchado hablar del reino de los cielos, había entendido el corazón del Señor, vio los milagros que hizo, y se liberó de su antiguo modo de vida gracias a que Él la aceptó con cariño.

¿SE IMAGINA LA PROFUNDIDAD DEL LLANTO DE ESA MUJER? ¡Y QUE SUS LÁGRIMAS FUERAN SUFICIENTES PARA LIMPIAR LOS PIES POLVOSOS DE JESÚS!

Con lágrimas que fluían de un corazón sollozante, lavó los cansados pies del Señor y los enjugó con las hebras de su cabello. Luego perfumó sus pies con aceite de su vasija de alabastro, valorado en el salario de un año.

No había límites para el amor que sentía por Jesús. Cuando los demás desaprobaron su extravagancia, Jesús dijo: "¿Por qué molestáis a esta mujer?, pues ha hecho conmigo una buena obra", (Mt. 26:10).

Oh, tener la oportunidad de besar los hermosos pies de Jesús...

Mientras se aproximaba el año 2000, sentí que el Espíritu Santo me dio la frase "adoradores sin reservas" para usarla como un estandarte sobre nuestro departamento; y todo lo que se enseñó ese año tuvo como base en ese tema. Nuestra hambre por tener más de Dios impulsó de una forma magnífica todo que se hizo en ese año y, hacia finales del mismo, me emocionaba pensar en lo que traería el 2001.

EL HECHO DE QUE CRISTO FLUYA EN NUESTRAS VENAS DEBE PROVOCAR UNA ALABANZA EXTRAORDINARIA HACIA EL PADRE

Luego en un momento silencioso de oración, el Señor murmuró en mi oído: *Hija, aún no eres una adoradora sin reservas.* ¡Cuando alguien escucha a Dios decir algo así, escucha con humildad! Así que entendí que todavía no lo había logrado; y que si habríamos de continuar llamándonos "adoradores sin reservas", nos faltaba recorrer un largo camino.

¿Qué significa adorar sin reservas?

"Extravagant" (sin reservas) significa de acuerdo al diccionario *Webster:* "**2 a:** *Algo que excede los límites de la razón;* **b:** *falto de moderación, equilibrio o restricción (alabanza);* **c:** *algo extremada o excesivamente elaborado;* **3 a:** *gastar mucho más de lo necesario;* **b:** *profuso, espléndido".* El Espíritu Santo nos llama a la adoración excesiva. Debemos alabar con mucha abundancia. La adoración sin reservas significa que nuestras ofrendas de admiración hacia Él deben ser elaboradas; que nuestra adoración debe estar por encima de los niveles que estaban establecidos y se consideraban razonables.

El hecho de que Cristo fluya en nuestras venas debe provocar una alabanza extraordinaria hacia el Padre. ¡Anhelo adorar a Jesús como lo hizo la mujer con el perfume de la vasija de alabastro! Excesivo, abundante, caro, superfluo, espléndido, costoso, precioso, rico, valioso…

Jesús sabía que la mujer que lo ungió con su perfume precioso entendía por completo que había sido perdonada de pecados terribles. Jesús explicó a Simón el leproso el amor que la movió a hacer eso, con una parábola acerca de dos siervos que fueron perdonados de las deudas que tenían con su Amo. Uno le debía un poco; el otro le debía mucho. Jesús continuó la historia de esta manera:

Y no teniendo ellos con qué pagar, perdonó a ambos. Di, pues,
¿cuál de ellos le amará más? Respondiendo Simón, dijo:
Pienso que aquel a quien perdonó más. Y él le dijo:
Rectamente has juzgado. Y vuelto a la mujer, dijo a Simón:
¿Ves esta mujer? Entré en tu casa, y no me diste agua para mis pies;
mas ésta ha regado mis pies con lágrimas, y los ha enjugado
con sus cabellos. No me diste beso; mas ésta, desde que entré,
no ha cesado de besar mis pies. No ungiste mi cabeza con aceite;
mas ésta ha ungido con perfume mis pies. Por lo cual te digo
que sus muchos pecados le son perdonados, porque amó mucho;
mas aquel a quien se le perdona poco, poco ama. Y a ella le dijo:
Tus pecados te son perdonados. Y los que estaban juntamente
sentados a la mesa, comenzaron a decir entre sí: ¿Quién es éste,
que también perdona pecados? Pero él dijo a la mujer:
Tu fe te ha salvado, ve en paz.
Lucas 7:42-50

Cuando llegamos ante Dios para adorarlo, debemos adorarlo en verdad. Para hacerlo, debemos preguntarnos: "¿Qué tan grandes son las deudas que Jesús me perdonó? ¿Qué tan generoso fue conmigo al considerar el dolor que le produjeron mis pecados? ¿Cuántas gracias le debo por quitar las consecuencias de mi pasado? ¿Soy muy espléndido con mi alabanza? ¿Excedo los límites razonables cuando lo alabo o simplemente hago lo que se me pide, para solo cumplir con el nivel básico del compromiso? ¿Solo intento ganar mi salvoconducto?" Si nuestra adoración es en espíritu y en verdad, buscaremos dentro de nuestras almas para apreciar el valor que le damos a Su amor por nosotros. ¿Qué podemos llevar al altar que represente la extravagancia?

A lo largo de mi vida he tenido el honor de conocer a algunos adoradores sin reservas. Entre ellos se encuentra una pareja joven de nuestra iglesia, quienes perdieron a su pequeña hija, pero que incluso así alababan a su Rey a través del dolor abrumador, y aún lo hacen.

Un joven que quedó paralítico de la cintura hacia abajo por un accidente, regresó pronto a los servicios de nuestra iglesia. Con lágrimas que rodaban sobre su rostro, sus brazos extendidos hacia el cielo y un corazón que ama a Dios, adoraba a su Salvador con una acción de gracias sin reservas.

Una amiga mía, una joven madre de cuatro pequeños, cuyo esposo sirve en nuestro grupo de alabanza, siempre está en la iglesia, siempre llega temprano, siempre está llena de gozo y siempre se encuentra llena de alabanza sin reservas para el Señor.

El *Oxford English Dictionary* define "extravagant" (sin reservas) como "derrochador". Esta palabra en especial captó mi atención, ya que uno de los relatos bíblicos más hermosos sobre adoración sin reservas es la historia de cómo, quienes rodeaban a la mujer pecadora, consideraron su regalo como "derrochador". Mientras ella derramaba el costoso perfume de la vasija de alabastro, seguramente deseó tener más para darle, al derramar sus lágrimas como ofrenda. Él limpió el quebranto del corazón de esta mujer. Como ella amó sin reservas, Él perdonó sin reservas. Su acto de amor hacia el Señor es un ejemplo poderoso de adoración verdadera y sincera. Su acto de adoración no tuvo que ver con música o canciones, sino con no tener reservas en la devoción a su Salvador.

¿Qué es la adoración y qué es lo que hacemos cuando adoramos? La verdadera adoración, la clase de adoración que Dios busca, se describe en Juan 4:23-24: "Mas la hora viene, y ahora es, cuando los verdaderos adoradores adorarán al Padre en espíritu y en verdad; porque también el Padre tales adoradores busca que le adoren. Dios es Espíritu; y los que le adoran, en espíritu y en verdad es necesario que adoren."

Durante muchas horas he meditado en esta porción de las Escrituras. Entiendo a la verdadera alabanza como el momento en que nuestro espíritu adora y se conecta con el Espíritu de Dios, cuando el centro mismo de nuestro ser se encuentra *amándolo,* perdido *en él.* La verdadera adoración no tiene que ver con las canciones que se cantan, tampoco con el tamaño del grupo, ni con el del coro. Aunque la música es una expresión maravillosa de la adoración, no es su *esencia* en sí misma. Lo más importante de la adoración es cuando nuestro corazón, alma y todo lo que se encuentra en nuestro interior, adora y se une al espíritu de Dios. De hecho, sin importar lo magníficos que sean los momentos de música, si nuestro corazón no está completamente envuelto en la adoración, serán solo música. La canción de un corazón puro que anhela más de Dios y menos de sí mismo, la música que sostiene la llave de muchas victorias y deleita el corazón de nuestro Rey.

AUNQUE LA MÚSICA ES UNA EXPRESIÓN MARAVILLOSA DE LA ADORACIÓN, NO ES SU ESENCIA EN SÍ MISMA

Me encantaría haber conocido a la Madre Teresa. Ella era una adoradora sin reservas, uno de sus himnos favoritos "¡Oh, Jesús, Jesús, querido Señor!", refleja lo que impulsaba a esta mujer de Dios. Las acciones de su vida mantuvieron la sinceridad de su corazón adorador cuando cantaba estas palabras:

¡OH JESÚS, JESÚS, QUERIDO SEÑOR!

PERDÓNAME SI DIGO
POR AMAR TANTO TU SANTO NOMBRE
DECIRLO MIL VECES AL DÍA.

TE AMO TANTO QUE NO SABRÍA CÓMO
CONTROLAR MI ÍMPETU
TU AMOR ES COMO UN FUEGO ARDIENTE
DENTRO DE MI ALMA.

MARAVILLOSO ES QUE DEJARAS
A UN CORAZÓN VIL COMO EL MÍO
AMARTE CON AMOR COMO ESTE
Y SER TAN LIBRE CON TU AMOR.

POR QUE TÚ EN TODO ERES
MI HONOR Y MI RIQUEZA,
EL DESEO DE MI CORAZÓN, LA FUERZA DE MI CUERPO
LA SALUD ETERNA DE MI AMA.

¿CUÁL ES EL LÍMITE DE ESTE AMOR?
¿DÓNDE SE QUEDARÁ?
¡MÁS Y MÁS! NUESTRO SEÑOR ES MÁS DULCE
HOY QUE AYER.

FREDERICK W. FABER (1814-1863)

CREADOS PARA ADORAR

Isaías 43:7 dice que el Señor nos creó para su gloria. "Vosotros sois mis testigos, dice Jehová, y mi siervo que yo escogí, para que me conozcáis y creáis, y entendáis que yo mismo soy; antes de mí no fue formado dios, ni lo será después de mí. Yo, yo Jehová, y fuera de mí no hay quien salve.", (Isaías 43:10-11). El primer libro de Crónicas 16:28-29 dice: "Tributad a Jehová, oh familias de los pueblos, dad a Jehová gloria y poder. Dad a Jehová la honra debida a su nombre; traed ofrenda, y venid delante de él; postraos delante de Jehová en la hermosura de la santidad."

AUN SI USTED ES PARTE DE UN EQUIPO DE ALABANZA, SUS MOMENTOS MÁS GLORIOSOS DE ADORACIÓN DEBEN SER FUERA DE LA PLATAFORMA, CUANDO USTED SE ENCUENTRE SOLO CON DIOS

Nuestra adoración complace al Señor. Hay una verdadera fuerza cuando los creyentes traen una ofrenda colectiva de alabanza a Dios en la iglesia. Me fascina la sensación de mover al cielo con nuestra alabanza cuando nos unimos en fe. Me siento cautivada cuando nosotros, el cuerpo de Cristo, podemos simplemente *estar* juntos en Su magnífica presencia. La Palabra de Dios anima a los creyentes a continuar reuniéndose y dice: "Y considerémonos unos a otros para estimularnos al amor y a las buenas obras; no dejando de congregarnos, como algunos tienen por costumbre, sino exhortándonos; y tanto más, cuanto veis que aquel día se acerca.", (Hebreos 10:24-25).

Pero también, todos debemos adorar a nuestro Rey en el lugar secreto, en el tiempo íntimo y personal, como amantes de Cristo. Debería haber tiempos de adoración de los que solo sepan usted y el Señor. Aun si usted es parte de un equipo de alabanza, sus momentos más gloriosos de adoración deben ser fuera de la plataforma, cuando usted se encuentre solo con Dios. La intimidad sincera es privada; los mejores momentos que usted pasa con su mejor amigo no son los momentos públicos. Debemos reverenciar los momentos que tenemos con Dios.

Cuando Jesús llegó a la aldea donde vivía Marta, ella le abrió las puertas de su hogar. Su hermana, María (la misma que después ungió con perfume los pies de Jesús), se sentó a los pies del Señor, escuchando lo que decía. Pero a Marta la distrajeron los preparativos que debían hacerse; finalmente, llegó con Jesús y le preguntó: "Señor, ¿no te da cuidado que mi hermana me deje servir sola? Dile, pues, que me ayude. Respondiendo Jesús, le dijo: Marta, Marta, afanada y turbada estás con muchas cosas. Pero solo una cosa es necesaria; y María ha escogido la buena parte, la cual no le será quitada.", (Lucas 10:40-42).

Nosotros podemos entender la inquietud de Marta. Ella preguntaba: "¿Señor, no te da cuidado? ¿No te gusta todo lo que hago por ti?". Desde luego que a Dios le importa; y le importa que aprendamos a hacer el único servicio que es necesario que le rindamos. María escogió estar en la presencia de Dios; escogió sentarse a sus pies, pasar tiempo en la Palabra de Dios. María escogió lo que es más necesario.

No hay sustitutos para el tiempo que se pasa con Dios; no hay sustitutos para una relación con Cristo. Es estupendo cantar canciones hermosas *acerca del Señor*, pero eso no es suficiente. Adorar es hablarle *al Señor* con palabras llenas de devoción. Adorar a Dios es inclinarse ante Él, reverenciarlo y admirar su belleza. Veo a la adoración como un beso hacia el cielo.

La palabra adorar es un verbo, que se define como *considerar con gran o extremo respeto, honor o devoción*. Es una expresión activa de nuestro amor hacia Dios. Es algo vivo y visible que se revela a través de nuestras acciones y no solo a través de las palabras que hablamos. La adoración involucra darnos por completo al Señor; esa no es una actividad ritual ni una emoción musical, es algo que personifica y refleja la generosidad desinteresada de Cristo. La adoración es un movimiento en nuestros corazones, nuestros pensamientos y nuestra voluntad, dirigido hacia el corazón, los pensamientos y la voluntad de Dios.

Mas vosotros sois linaje escogido,
real sacerdocio, nación santa,
pueblo adquirido por Dios,
para que anunciéis las virtudes
de aquel que os llamó de las
tinieblas a su luz admirable.

1 Pedro 2:9

LA PALABRA ADORAR ES UN VERBO, QUE SE DEFINE COMO CONSIDERAR CON GRAN O EXTREMO RESPETO, HONOR O DEVOCIÓN

La adoración es un estilo de vida

Para llevar una vida cristiana llena de fe y dirigida por el Espíritu, adorar a nuestro señor Jesucristo es fundamental. Hay opiniones innumerables y conflictivas acerca de cómo adorar al Señor. Hay múltiples métodos, planes y estilos de alabanza que varían en función de las culturas y límites geográficos. El Señor disfruta la diversidad de la adoración sincera cuando se expresa a través de Su Espíritu y en verdad. La adoración debería ser una forma de vida con muchas formas de expresión.

La insistencia de que solo hay una manera de adorar a Dios a menudo ha confundido, fragmentado y frustrado al cuerpo de Cristo. Algunos líderes de alabanza afirman que un cierto estilo es la única manera correcta de adorar al Señor, pero esa es una visión demasiado limitada de Sus riquezas inagotables. La música es una de las formas en las cuales podemos adorar el nombre del Señor, pero la Palabra dice que también podemos adorar a Dios con un banquete (Salmos 22:29). ¡Ese me parece un excelente concepto!

Podemos adorar a Dios con cantos alegres (Salmos 100:2). Podemos alabarlo con sacrificios y ofrendas (Isaías 19:21). Hasta podemos adorar a Dios al caminar y saltar como lo hizo el hombre que había sido cojo pero que fue sanado en el nombre de Jesús (Hechos 3:8-9). Pero, sin importar el método, la acción de la alabanza debe ser en espíritu (de nuestra conciencia racional) y en verdad (acorde con los demás aspectos de nuestras vidas), (Juan 4:24).

No se necesita que seamos grandes cantantes o músicos para adorar a Dios. Nuestra adoración puede estar llena de demostraciones radicales de alabanza; y, en otras ocasiones, ser muy tranquila y personal, ninguna de esas formas es mejor que la otra. Necesitamos estar en una relación personal con nuestro gran Dios, y vivir con la verdad de Su grandeza reflejada en todo lo que seamos y en todo lo que hagamos.

LA ADORACIÓN SIN RESERVAS NO SE ALCANZA TOMANDO ATAJOS

Mucho tiempo he vivido bajo el peso de muchas etiquetas poco saludables, pero tengo el deseo en mi corazón de que el Rey del cielo me etiquete al igual que a María como una "adoradora sin reservas". En mi ministerio de alabanza, les pido a los creyentes que se examinen y se pregunten: "¿Ya llegamos?" Los padres saben que esa pregunta se hace con frecuencia al comenzar un largo, largo viaje. "¿Ya llegamos? ¿Ya llegamos? ¿Ya llegamos?" Aunque parezca que hemos viajado por horas, nos falta un largo trecho por recorrer antes de que nuestra adoración sea sin reservas.

Cuando el arca del pacto fue llevada finalmente a su lugar en el santuario interior del templo, el lugar Santísimo, los sacerdotes, músicos y cantantes se reunían al unísono para brindar una adoración sin reservas: "Y los levitas cantores, (...) vestidos de lino fino, estaban con címbalos y salterios y arpas al oriente del altar; y con ellos ciento veinte sacerdotes que tocaban trompetas, cuando sonaban, pues, las trompetas, y *cantaban todos a una*, para alabar y dar gracias a Jehová, y a medida que alzaban la voz con trompetas y címbalos y otros instrumentos de música, y alababan a Jehová, diciendo: Porque él es bueno, porque su misericordia es para siempre; entonces la casa se llenó de una nube, la casa de Jehová. Y no podían los sacerdotes estar allí para ministrar, por causa de la nube; porque la gloria de Jehová había llenado la casa de Dios." (2 Crónicas 5:12-14, énfasis añadido). El intento de los sacerdotes para vincularse con Dios fue interrumpido por la llegada de Dios y Su vínculo con ellos. La adoración sin reservas no se alcanza tomando atajos. Con frecuencia, las personas buscan soluciones rápidas, quieren indicaciones hacia el camino fácil; pero los atajos nunca llevan a la meta de la vida. Con el tiempo, la mayoría de los atajos se vuelven contratiempos. He intentado atajos en la adoración y he tratado de hacer las cosas a mi manera, pero solo terminé frustrada, y la meta que perseguía pareció estar más y más lejos. Para practicar la adoración sin reservas, necesitamos ser buenos para decir: "rindo mi vida". Vaya a Jesús con un corazón agradecido y viva un estilo de vida lleno de adoración sin reservas en todo lo que haga.

La adoración de sacrificio agrada a Dios

Noé era un adorador sin reservas. Génesis 8:20-22 dice que después del diluvio, él construyó un altar para el Señor y, tomando algunos de todos los animales y aves puros, hizo un sacrificio. Es difícil entender la angustia que Noé tuvo que soportar. Acababa de presenciar el increíble ahogamiento de toda la raza humana; mientras que él y su familia estuvieron a salvo. Debió cerrar sus oídos al clamor de la humanidad mientras cerraba la puerta del arca que Dios le había ordenado construir, pero fue obediente a la orden de Dios de ofrecer un sacrificio de adoración cuando estuvieron de vuelta en tierra firme.

Cuando el Señor percibió el aroma agradable del sacrificio, dijo en su corazón: "No volveré más a maldecir la tierra por causa del hombre; porque el intento del corazón del hombre es malo desde su juventud; ni volveré más a destruir todo ser viviente, como he hecho. Mientras la tierra permanezca, no cesarán la sementera y la siega, el frío y el calor, el verano y el invierno, y el día y la noche", (Génesis 8:21-22). Dios hizo un pacto con nosotros de que no destruiría de nuevo a los seres vivientes gracias un hombre, quien ofreció una adoración sin reservas y espléndida en obediencia al mandato del Señor. Noé vivió bajo circunstancias extremas y aun así adoraba a Dios en medio de ellas. Eso es adorar sin reservas.

Cuando Dios probó a Abraham, dijo: "Toma ahora tu hijo, tu único, Isaac, a quien amas, y vete a tierra de Moriah, y ofrécelo allí en holocausto sobre uno de los montes que yo te diré", (Génesis 22:2). Es un enorme reto pensar que Dios podría pedirnos que pusiéramos sobre el altar lo que más amamos. Pero Abraham construyó el altar, luego ató a su hijo y lo recostó. Extendió la mano y tomó su cuchillo para inmolar a su precioso hijo. "Entonces el ángel de Jehová le dio voces desde el cielo, y dijo: Abraham, Abraham. Y él respondió: Heme aquí. Y dijo: No extiendas tu mano sobre el muchacho, ni le hagas nada; porque ya conozco que temes a Dios, por cuanto no me rehusaste tu hijo, tu único", (Génesis 22:11-12). Abraham estaba listo para darlo todo. Fue espléndido, excesivo en su alabanza. Estaba preparado para darle lo que más amaba al Señor; pasó la prueba más grande.

David quería ofrecer un sacrificio Señor para detener una plaga que aquejaba al pueblo de Dios, así que le pidió a Ornán que le vendiera una parte de su campo para construir un altar. Ornán quería regalar la tierra y el ganado que el rey necesitaba, pero David dijo: "No, sino que efectivamente la compraré por su justo precio; porque no tomaré para Jehová lo que es tuyo, ni sacrificaré holocausto que nada me cueste", (1 Crónicas 21:24).

La adoración sin reservas capta la atención de Dios. Cuando Pablo y Silas estuvieron en prisión, adoraban a Dios; sabían que Él nunca les fallaría. Aunque habían sido azotados por predicar el Evangelio y se encontraban con los pies encadenados a un cepo, oraban y cantaban al Señor. De pronto, mientras adoraban, un violento terremoto abrió todas las puertas de la prisión. Aún viendo las puertas abiertas, Pablo y Silas no huyeron. El carcelero, quién pensó que todos los prisioneros habían escapado, se angustió tanto que estaba a punto de quitarse la vida, pero Pablo y Silas lo detuvieron y lo llevaron a la salvación. Entonces, Dios movió los corazones de los magistrados, quienes ordenaron que fueran puestos en libertad y fueran en paz. Dios los liberó de una manera sobrenatural (Hechos 16:23-35).

LA ADORACIÓN SIN RESERVAS CAPTA LA ATENCIÓN DE DIOS

Estas historias demuestran que un estilo de vida adorador es una vida de amor sin reservas hacia Dios. A lo largo de las historias bíblicas, donde sea que alguien mostró una adoración así, Dios reaccionó con una bendición igual; es la causa y su efecto. La adoración sin reservas trae resultados iguales. ¿Cómo se adora de esta forma? De una manera que nos cueste algo. La adoración es un acto de obediencia y de fe; aun cuando las circunstancias puedan dar pie al miedo, la adoración, el amor y la obediencia se entrelazan.

Cuando buscamos primero el reino de Dios y *obedecemos* el Espíritu de Dios, Él nos lleva a un conocimiento mayor y más profundo de su ser. El primer mandamiento es: amarás al Señor tu Dios con *todo* tu corazón, con *toda* tu alma y con *toda* tu mente. Jesús dijo:

> *El que tiene mis mandamientos, y los guarda, ése es el que me ama;*
> *y el que me ama, será amado por mi Padre, y yo le amaré, y me*
> *manifestaré a él (...)El que me ama, mi palabra guardará; y mi Padre*
> *le amará, y vendremos a él, y haremos morada con él. El que no me ama,*
> *no guarda mis palabras; y la palabra que habéis oído no es mía,*
> *sino del Padre que me envió.*
> *Juan 14:21, 23-24*

La sinceridad, integridad, honestidad, obediencia y verdad son las palabras clave para experimentar la adoración sin reservas. Como adoradores, verdaderos amantes de Jesús, necesitamos ser sinceros en nuestra adoración, además de obedecer y amar a Dios con un corazón sin contiendas. David oraba "Afirma mi corazón para que tema tu nombre", (Salmo 86:11). Obviamente él entendía que era un hombre imperfecto, que anhelaba agradar a un Dios perfecto. David pidió ayuda porque su corazón tendía a desviarse... al igual que los nuestros. Que esa sea su adoración al servir con pasión y con su vida al Señor.

ADORE AL AUTOR DEL AMOR

Una verdad es la siguiente: Ser un adorador es enamorarse de Dios, el Autor del amor, y aceptar el amor que tiene hacia nosotros. Él nos ama mucho. Dios nos dio Su Palabra como una carta viviente de amor que contiene todo lo que necesitaremos para vivir esta vida, y hasta más. La Palabra nos anima a estar fundados en el amor y a comprender lo ancho, largo y profundo que es el amor de Cristo hacia nosotros. Su amor "excede a todo conocimiento", (Efesios 3:19). Su amor trabaja en nuestro interior, nos llena por completo con la plenitud de Dios. Si pudiéramos tener una vaga idea del amor que Cristo nos tiene, nuestros corazones estarían llenos de adoración sin reservas para Aquel que nos ama tanto.

A menudo intento comprender lo profundo de su amor, que "excede todo conocimiento". Las muchas canciones que he escrito para expresar mi amor a Dios no se acercan a lo que intento decir. Pero puedo mostrarle al Señor cuánto lo amo al vivir mi parte de la Gran Comisión y llevar al Autor del amor mismo a nuestro planeta, que tanto carece de él. Puedo decidir amar a los demás de la misma manera en que Él ama.

Cuando fui salva, lloré y lloré en la presencia de Dios. Lágrimas de gratitud fluían libremente mientras Él restauraba mi corazón y me llenaba de Su amor incondicional. Ahora, todo lo que quiero hacer es cantar por siempre de su maravilloso amor que sana; ¡y no me importa quién me escuche! ¡Quiero decírselo al mundo! Cantaría de su amor aunque me encerraran en una caja –¡y aún entonces esperaría que se escuche mi canto!

Para entender el poder del amor de Dios y el poder de amar a los demás, vaya con el Autor del amor mismo y deje que Su carta de amor se imprima en su vida.

Del poder de tus hechos estupendos hablarán los hombres, y yo
publicaré tu grandeza. Proclamarán la memoria de tu inmensa
bondad, y cantarán tu justicia.Clemente y misericordioso es Jehová
,lento para la ira, y grande en misericordia. Bueno es Jehová
para con todos, y sus misericordias sobre todas sus obras.
Salmo 145:6-9

Uno de los mayores retos en la vida, en la mente y en el alma, es aceptar el amor de Dios; simplemente aceptar el amor de Dios hacia nosotros como un regalo. Un regalo que es el mejor que se pudiera recibir en la vida. Desearía poder cantar la canción infantil "Cristo me ama" a todos los seres humanos. Si tan solo todos creyeran la profunda verdad detrás de estas simples letras. Hasta los niños pequeños pueden cantar las palabras que siguen, palabras que liberan personas: "Cristo me ama; Cristo me ama; Cristo me ama; la Biblia dice así".

"Porque de tal manera amó Dios al mundo, que ha dado a su Hijo unigénito", (Juan 3:16).

Muchas personas intentan ganarse el amor; y por eso intentan ganarse el amor de Dios trabajando para Él. Les cuesta trabajo adorarlo porque saben que no merecen Su atención. Sin saberlo, se vencen a sí mismos al intentar agradarle y ganar Su favor y Su gracia, sin siquiera llegar a conocerlo en verdad. Nada de lo que hagamos puede hacer que Él nos ame más.

Nos escogió en él antes de la fundación del mundo, para que fuésemos
santos y sin mancha delante de él, en amor habiéndonos predestinado
para ser adoptados hijos suyos por medio de Jesucristo, según el puro
afecto de su voluntad, para alabanza de la gloria de su gracia, con la
cual nos hizo aceptos en el Amado, en quien tenemos redención por su
sangre, el perdón de pecados según las riquezas de su gracia, que hizo
sobreabundar para con nosotros en toda sabiduría e inteligencia.
Efesios 1:4-8

A TI

AQUÍ ESTOY POR SIEMPRE
EN TUS MANOS
CON TU PROMESA ESCRITA
EN MI CORAZÓN
TUYO SOY
RENDIDO TODO A TI ESTOY
VIVIENDO EN TU FAMILIA
TU HIJO AHORA SOY
AHORA
YO PERTENEZCO A TI
TÚ ME DAS
TU ESPÍRITU, PAZ, VERDAD
CLAMO A TI, Y SÓLO DESEO
CONOCERTE MÁS
EN TU NOMBRE
MIS MANOS ALZARÉ
TRAIGO AL REY
UN HIMNO DE ADORACIÓN
ÉL SABE QUE
QUE ANHELO AMARTE
CON TODO MI SER
PERTENEZCO A TI

2000 DARLENE ZSCHECH
HILLSONG PULBISHING

En mi canción "A Tí" la letra dice: "Viviendo con tu promesa escrita en mi corazón". La Palabra de Dios no solo es para que la recordemos de vez en cuando, en cada ocasión que necesitemos ánimo. Dios escribió Su carta de amor en nuestros corazones para que siempre esté cerca de nosotros cuando necesitemos su guía y consuelo. Como Su amor está en nuestros corazones, somos capaces de amar a los demás:

> *Amados, amémonos unos a otros; porque el amor es de Dios. Todo aquel que ama, es nacido de Dios, y conoce a Dios. El que no ama, no ha conocido a Dios; porque Dios es amor. En esto se mostró el amor de Dios para con nosotros, en que Dios envió a su Hijo unigénito al mundo, para que vivamos por él. En esto consiste el amor: no en que nosotros hayamos amado a Dios, sino en que él nos amó a nosotros, y envió a su Hijo en propiciación por nuestros pecados. Amados, si Dios nos ha amado así, debemos también nosotros amarnos unos a otros. Nadie ha visto jamás a Dios. Si nos amamos unos a otros, Dios permanece en nosotros, y su amor se ha perfeccionado en nosotros. En esto conocemos que permanecemos en él, y él en nosotros, en que nos ha dado de su Espíritu.*
> *1 Juan 4:7-13*

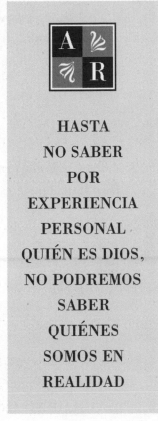

HASTA NO SABER POR EXPERIENCIA PERSONAL QUIÉN ES DIOS, NO PODREMOS SABER QUIÉNES SOMOS EN REALIDAD

Los versículos de este pasaje explican que los creyentes aman a los demás porque Dios nos ama. Si alguien dice que ama a Dios pero odia a los demás, la Palabra dice que son mentirosos; no es posible odiar a alguien si Dios en verdad está en nosotros. Amar a los demás es un acto de adoración hacia el Autor del amor. Las personas no entenderán o comprenderán lo grande que es Dios hasta que Sus discípulos muestren un amor genuino hacia ellos.

Hasta no saber por experiencia personal quién es Dios, no podremos saber quiénes somos en realidad; y hasta no conocer lo profundo de Su amor hacia nosotros, nunca podremos saber, más allá de toda duda, que somos amados. Si no sabemos que somos amados, no podemos obedecer el segundo mandamiento, que es amar a los demás como a nosotros mismos. La Biblia nos exhorta en muchas ocasiones a amarnos los unos a los otros. Los verdaderos adoradores aman a Dios sin reservas y aman a las demás personas con el mismo amor de Dios.

CONOZCA LO QUE VALE

Muchas personas, incluyéndome, hemos luchado con la inseguridad, la incapacidad y la intimidación (y con todas las palabras que comienzan con "in"). Pero Jesús dijo:

**DIOS NOS VE
DE LA MISMA
MANERA EN
QUE UN PADRE
AMOROSO
VE A SUS
HIJOS**

*Y no temáis a los que matan el cuerpo,
mas el alma no pueden matar;
temed más bien a aquel que puede
destruir el alma y el cuerpo en el
infierno. ¿No se venden dos pajarillos
por un cuarto? Con todo, ni uno de ellos
cae a tierra sin vuestro Padre.
Pues aun vuestros cabellos están todos
contados. Así que, no temáis;
más valéis vosotros que muchos
pajarillos. A cualquiera, pues, que me
confiese delante de los hombres,
yo también le confesaré delante de
mi Padre que está en los cielos.
Mateo 10:28-32*

Es difícil cargar el peso de la inferioridad en nuestros momentos de adoración. La adoración es un momento para enfocarnos en quién es Dios; es un momento para disfrutar la increíble autoridad y unción que Él da a Su pueblo, que llega a su presencia con alabanza. En ocasiones, el enemigo hace un gran esfuerzo para evitar que adoremos con libertad, pero hay veces en que simplemente carecemos de disciplina en nuestros pensamientos.

Si leemos la Palabra, y guardamos la verdad de Dios en nuestro corazón, pondremos nuestra atención en su grandeza y en el valor que Él nos da. Él dijo: "No temáis; más valéis vosotros que muchos pajarillos". Me encantan esas palabras. Conocer lo que valemos enriquece nuestra adoración a Dios; y no por lo que hagamos, sino por quien Él es. Dios ve todas nuestras carencias a través de la sangre de Cristo. Gracias a Jesús, nuestro Padre Celestial nos ve tal y como ve a su hijo; hermoso y perfecto.

CUANDO ENTENDEMOS QUIÉNES SOMOS EN CRISTO, LA PAZ ENTRA A NUESTROS CORAZONES; UNA PAZ QUE NO PUEDE EXISTIR EN MEDIO DE CONTIENDAS

Dios nos ve de la misma manera en que un padre amoroso ve a sus hijos. Mis tres hijas pueden ser traviesas; pero las miro y creo que son perfectas. ¡Son completamente hermosas! Pienso que son increíbles. ¡Creo que el día que Dios las puso en la tierra hizo lo mejor que jamás ha hecho! Tal es el corazón de un padre, y cuánto más nos ve Dios y dice: "Oh, son mis preciosos hijos amados".

Cuando nos equivocamos, Jesús es quien nos defiende, como sumo sacerdote ante el Padre, Él le dice: "Ellos son quienes me has dado. Yo estoy en ellos y tú estás en mí. Ve lo hermosos que son". Gracias a Jesús nosotros podemos ir "al trono de la gracia, para alcanzar misericordia y hallar gracia para el oportuno socorro", (Hebreos 4:16). Eso debería darnos el valor suficiente para levantarnos y entender nuestro valor; no por quienes seamos o por lo que hayamos hecho; tenemos ese valor porque Jesús nos ama.

Cuando entendemos quienes somos en Cristo, la paz entra a nuestros corazones, una paz que no puede existir en medio de contiendas. De la misma manera en que la oscuridad no puede existir al lado de la luz, el buscar aprobación no puede coexistir con la seguridad de Su gracia. El quiénes seamos en Cristo importa más que lo que hagamos. Dios nos acepta y ama tal y como somos, para demostrar su gloria al mundo, 1 Corintios 1:26-31 dice:

Pues mirad, hermanos, vuestra vocación, que no sois muchos
sabios según la carne, ni muchos poderosos, ni muchos nobles;
sino que lo necio del mundo escogió Dios, para avergonzar
a los sabios; y lo débil del mundo escogió Dios, para avergonzar
a lo fuerte; y lo vil del mundo y lo menospreciado escogió Dios,
y lo que no es, para deshacer lo que es, a fin de que nadie se jacte
en su presencia. Mas por él estáis vosotros en Cristo Jesús, el cual
nos ha sido hecho por Dios sabiduría, justificación, santificación
y redención; para que, como está escrito: El que se gloría,
gloríese en el Señor.

Ese es mi testimonio; yo era la chica que tenía "menos probabilidades de éxito". El primer viaje de ministerio al que fuimos mi esposo y yo con nuestro pastor Brian Houston fue a Inglaterra. Canté una canción con una pista musical de apoyo antes de que predicara el pastor Brian. Me di cuenta de que uno de los pastores de la iglesia en la que estábamos le dijo a Brian: "Tú estuviste excelente, pero ella no tiene lo que se necesita". Pero Dios me dio oportunidades más allá de mi esperanza o de mi imaginación.

Mi futuro nunca ha dependido de la opinión de nadie sobre mi habilidad. Soy un testimonio de la gracia de Dios. Dios usa a quienes dicen: "Bien, Señor, esto es todo lo que tengo para ofrecerte; así que, si voy a ser útil para el Reino, tendrás que trabajar a través de mí." Lo mínimo que podemos hacer es darle nuestras vidas a Dios para que nos muestre lo que puede hacer a través de nuestros corazones y manos rendidos.

Nosotros fuimos creados con el propósito divino de que Jesús sea el centro de nuestra existencia. Fuimos creados para adorarlo en todo lo que hagamos.

Así que, hermanos, teniendo libertad para entrar en el Lugar Santísimo por la sangre de Jesucristo, por el camino nuevo y vivo que él nos abrió a través del velo, esto es, de su carne, y teniendo un gran sacerdote sobre la casa de Dios, acerquémonos con corazón sincero, en plena certidumbre de fe, purificados los corazones de mala conciencia, y lavados los cuerpos con agua pura. Mantengamos firme, sin fluctuar, la profesión de nuestra esperanza, porque fiel es el que prometió.
Hebreos 10:19-23

Como podemos ver, tenemos una invitación para entrar al Lugar Santísimo, donde se sienta nuestro Padre Celestial. A través de nuestra adoración colocamos a Cristo como la piedra angular de nuestras vidas y el poder al que tenemos acceso en Su presencia es real. Desea que nos acerquemos más a Él. Ha limpiado nuestros corazones y los ha hecho puros para que podamos estar en Su presencia para alabar a nuestro Señor Poderoso —cantar, aplaudir, bailar, celebrar, estar empapados de Su presencia e inundados con Su gloria.

Cantad alegres a Dios, habitantes de toda la tierra. Servid a Jehová con alegría; venid ante su presencia con regocijo. Reconoced que Jehová es Dios; él nos hizo, y no nosotros a nosotros mismos; pueblo suyo somos, y ovejas de su prado. Entrad por sus puertas con acción de gracias, por sus atrios con alabanza; alabadle, bendecid su nombre. Porque Jehová es bueno; para siempre es su misericordia, y su verdad por todas las generaciones.
Salmos 100:1-5

DEDÍQUESE A LA ORACIÓN Y MEDITACIÓN

Quienes adoran sin reservas conocen el poder que hay en buscar a Dios a través de la oración y la meditación. La Palabra dice: "Ocuparos sosegadamente en la oración", (1 Corintios 7:5). También dice: "De día y de noche meditarás en él [el Libro de la Ley], para que guardes y hagas conforme a todo lo que en él está escrito; porque entonces harás prosperar tu camino, y todo te saldrá bien." (Josué 1:8). La Palabra de Dios es muy clara: "Estad siempre gozosos. Orad sin cesar. Dad gracias en todo, porque esta es la voluntad de Dios para con vosotros en Cristo Jesús" (1 Tesalonicenses 5:16-18).

Usted, regocíjese, ore y de gracias en todo. Como adoradores, buscamos el rostro del Rey Todopoderoso; buscamos su rostro más de lo que buscamos regalos o elogios. Cuando leemos acerca de las vidas de personajes bíblicos, como Abraham, José y Moisés, podemos darnos cuenta de que no eran hombres perfectos; pero estaban en continua comunión con Dios y lo adoraban. Estaban agradecidos por lo que Dios hacía por ellos y su adoración al Señor fluía como una respuesta natural de su relación con Él.

Hay personas que me han acusado de tener un ministerio basado en la actuación, de ser demasiado expresiva, pero hay un fuego incontenible en mi interior. El amor, el perdón de Dios y el poder de la cruz me hacen danzar en todo lo que hago sin importar lo que piensen los demás. Y es que, qué puedo decir ¡soy una mujer enamorada! Cuando me uní por primera vez a un grupo de alabanza, estaba en mi adolescencia; intentaba participar en lo que yo creía que era adoración; me volví aburrida, no una adoradora si reservas. Pensaba que ser un músico cristiano significaba ser mediocre, escrupuloso, callado y cuerdo, como si por alguna razón esa forma de ser me hiciera más santa. Pero hace tan solo unos años, decidí ser todo lo que Dios me había destinado a ser. Que algo sea soso no significa que sea virtuoso, y yo tenía el permiso del Rey para que "Bendiga todo mi ser su santo nombre", (Salmos 103:1).

Cuando el rey David trajo el arca del pacto (que representaba la presencia de Dios) de regreso a la ciudad, bailó y celebró en medio del gozo de cantos, gritos, el sonido de cuernos de carnero, trompetas, címbalos, liras y harpas. La adoración triunfante resonó cuando todo Israel se unió a ese desfile de acción de gracias. La adoración de David no tuvo reservas, a tal grado, que su esposa Mical pensó que estaba haciendo el ridículo, desde ese día, ella lo despreció en su corazón. Si la adoración de David hubiera sido tibia, Mical no habría reaccionado de esa manera. La adoración casual no habría molestado a Mical, pero David fue radical al expresar su alabanza ese día. David tenía un amor sin reservas hacia el Señor ¡y lo alababa con una soltura temeraria! Estaba loco de entusiasmo porque estaba enamorado de Dios.

Cuando adoramos sin reservas a Dios, puede haber espectadores que no reaccionarán como lo habíamos esperado. Alguien puede vernos mientras rendimos nuestras vidas para adorar al Señor. El testimonio de nuestra adoración puede ser visto como algo de gran valor que haga que otros se unan, pero también podría hacer que alguien nos desprecie por la libertad y el gozo en el cual vivimos. Pero la adoración es para el Señor, no para los hombres. La adoración es un acto de buscar el rostro de Dios y de disfrutar Su presencia magnífica.

El salmo de acción de gracias que aparece en 1 Crónicas 16:1-36 narra la profundidad y la magnitud de la alabanza y la adoración sincera. David dijo: "Cantad a él, cantadle salmos; hablad de todas sus maravillas. Gloriaos en su santo nombre; alégrese el corazón de los que buscan a Jehová. Buscad a Jehová y su poder; buscad su rostro continuamente."

Lo animo a buscar con diligencia al Señor y a amarlo con todo su corazón. Aprenda a buscar el rostro de Dios sin preocuparse por el suyo. Sepa cómo estar preparado. No se preocupe si usted no se ve bien al adorar; si su corazón está lleno de alabanza radical, sea sincero en su expresión de amor hacia Él; libere su adoración sin reservas.

"Anhela mi alma y aun ardientemente desea los atrios de Jehová; mi corazón y mi carne cantan al Dios vivo", (Salmos 84:2). ¿Eso es lo que su corazón siente por Él? Sea radical cuando busque a Cristo. Su ofrenda de alabanza agradará a Su corazón cuando lo escuche clamar por más de Él.

Llénese hasta rebosar de un deseo por Dios mientras continúa edificando su relación con Él por medio de Su Palabra, adórelo con un corazón que lo anhele. Las posibilidades son infinitas al traer ante Él un corazón hambriento por conocerlo más y expresar a través de la música su deseo de amarlo cada vez más.

¿Qué puedo llevar al altar?

Algo que puede evitar que adoremos en verdad, es el sentir que no tenemos nada que ofrecerle a Dios. La Biblia dice, una y otra vez, que llevemos ofrendas, y el sentirnos con las manos vacías y sin nada con qué contribuir a nuestra relación con Dios puede evitar que entremos de lleno a la adoración. Pero cuando Cristo vino al mundo, nos mostró que Dios solo quiere que hagamos una cosa. Dijo que los sacrificios, los holocaustos y las expiaciones por el pecado no agradaban a Dios; después dijo: "He aquí que vengo, oh Dios, para hacer tu voluntad, como en el rollo del libro está escrito de mí", (Hebreos 10:5-7).

Lo único que Dios quiere que nosotros hagamos es darle nuestro corazón. Dios dice: "No necesito tu talento, no necesito tu don, no necesito todo lo que puedes hacer; solo te quiero *a ti*, quiero tu corazón." David era el más pequeño de su familia, pasado por alto como a quien nadie quiere, pero Dios amó su corazón y dijo: "He hallado a David hijo de Isaí, varón conforme a mi corazón, quien hará todo lo que yo quiero", (Hechos 13:22). Dios vio el corazón y la obediencia de David; luego, respondió a la ofrenda de David de una forma grandiosa: lo hizo rey de Su pueblo.

Una mañana estaba recostada en cama cuando Chloe dijo: "Mami, levántate, levántate; quiero hacerte el desayuno". Ella tenía cinco años en ese entonces ¡así que supuse que su desayuno sería algo único! Ella sabía que me gusta el pan tostado, pero no le permitíamos usar la tostadora y siempre guardamos el pan en el congelador; así que su "pan tostado" estaba duro como una roca. También me gusta el té de hierbas, pero tampoco le permitíamos usar la tetera para hervir el agua, así que puso una bolsa de té en una taza con agua fría. Además, añadió una banana aplastada (no sé de dónde la obtuvo) a mi charola del desayuno.

Estaba tan orgullosa de sí misma cuando puso la charola en mi regazo, que no pude decirle nada.

—¿No te encanta, mamá?

—¡Sí, claro que sí! —esperé a que se fuera, pero no lo hizo.

—Gracias, Chloe, esto está encantador

Se sentó en mi cama, me miró con la expresión más linda y esperó. De pronto supe que *tendría que comer el desayuno*.

—¡Mmmm, Chloe, está delicioso! —la expresión de su rostro fue invaluable. Ella no me preparó el desayuno para quedar bien conmigo, era demasiado joven entonces como para saber que podría haber dinero de por medio. Todo lo que quería era bendecirme. Me dio lo mejor de sí con un corazón puro.

Usted no tiene las manos vacías ni nada que poner en la mesa. Dios no quiere lo que usted será o quisiera ser, Él quiere todo lo que usted es hoy. Se puede ofrecer a Él en adoración; puede dejar que esa explosión de fe lo fuerce a adorar Su nombre y a ofrecer su atención para bendecirlo. ¿Usted cree que darle su corazón bendecirá a Dios? Chloe me bendijo, ¡todavía hablo de ello! Y usted bendecirá a Dios, porque Él ve más allá de todo, directo al corazón.

Cuando exalto al Señor ¡Dios aumenta en mi vida y *yo* disminuyo! Sé que necesito más de Dios y menos de mí. Necesito más de Su sabiduría y menos de mis grandes ideas. Necesito más de Su presencia y menos de mi talento. ¿Acaso no es eso lo que todos necesitamos?

Cuando adoramos a Dios, Él se exalta y nuestros problemas se marchitan en su presencia. "Voltea tus ojos a Jesús, mira de lleno su maravilloso rostro. Y las cosas de la tierra se volverán difusas a la luz de su gloria y su gracia." ¿Recuerda esa canción? Es la verdad. Cuando lo exaltamos, todo lo que hay en nosotros, lo bueno, lo malo y lo feo, disminuye al centrarnos en Él.

ERES TÚ

LÁMPARA A MIS PIES
LUZ A MI CAMINO
ERES TÚ, JESÚS, ERES TÚ
EL TESORO MÁS VALIOSO
QUE EL ORO MÁS FINO
ERES TÚ, JESÚS, ERES TÚ
CON TODO MI CORAZÓN
CON TODA MI ALMA
VIVO PARA ADORARTE
Y ALABARTE POR SIEMPRE
ALABARTE POR SIEMPRE
SEÑOR, CADA DÍA
TE NECESITO MÁS
CON ALAS DEL CIELO ME ELEVARÉ
CONTIGO
TÚ TOMAS MIS HERIDAS
ME LLAMAS A TI
AHÍ ESTAS
CON SANIDAD EN TUS MANOS

1999 DARLENE ZSCHECH
HILLSONG PULBISHING

Capítulo dos

LA ADORACIÓN
EXPLOSIVA

LA ADORACIÓN EXPLOSIVA

Cuando Josafat se enteró de que un enorme ejército formado por tres naciones se dirigía en contra de él, hizo lo que haría un adorador sin reservas: llamó al pueblo de Judá a reunirse en alabanza y adoración al Señor, diciendo:

> *Jehová Dios de nuestros padres, ¿no eres tú Dios en los cielos,*
> *y tienes dominio sobre todos los reinos de las naciones?,*
> *¿No está en tu mano tal fuerza y poder, que no hay quien te resista?*
> *Dios nuestro, ¿no echaste tú los moradores de esta tierra delante*
> *de tu pueblo Israel, y la diste a la descendencia de Abraham tu amigo*
> *para siempre? Y ellos han habitado en ella, y te han edificado en ella*
> *santuario a tu nombre, diciendo: Si mal viniere sobre nosotros, o espada*
> *de castigo, o pestilencia, o hambre, nos presentaremos delante de esta*
> *casa, y delante de ti (porque tu nombre está en esta casa), y a causa*
> *de nuestras tribulaciones clamaremos a ti, y tú nos oirás y salvarás.*
> *2 Crónicas 20:6-9*

Josafat, antes de colocar a su ejército en posiciones defensivas, "puso a algunos que cantasen y alabasen a Jehová, vestidos de ornamentos sagrados, mientras salía la gente armada, y que dijesen: 'Glorificad a Jehová, porque su misericordia es para siempre', (v. 21)." Cuando Josafat y sus hombres marcharon para luchar contra sus enemigos, fueron cantando y alabando a Dios con acción de gracias por Su amor perdurable. Mientras el pueblo de Judá cantaba alabanzas al Señor, los ejércitos enemigos se atacaron entre sí, hasta que el último soldado estuvo muerto. ¡El Señor emboscó al enemigo y obtuvieron la victoria!

"Viniendo entonces Josafat y su pueblo a despojarlos, hallaron entre los cadáveres muchas riquezas, así vestidos como alhajas preciosas, que tomaron para sí, tantos, que no los podían llevar; tres días estuvieron recogiendo el botín [v. 25]. Y el pavor de Dios cayó sobre todos los reinos de aquella tierra, cuando oyeron que Jehová había peleado contra los enemigos de Israel [v. 29]". Hubo un gran regocijo, una gran bendición y un testimonio aún más grande del poder de Dios entre todos los pueblos.

CUANDO NOSOTROS, EL PUEBLO DE DIOS, VAMOS ANTE SU PRESENCIA CON ACCIÓN DE GRACIAS Y ALABANZA, LA GUERRA VA EN CONTRA DE NUESTROS ENEMIGOS

Cuando nosotros, el pueblo de Dios, vamos ante Su presencia con acción de gracias y alabanza, la guerra va en contra de nuestros enemigos y obtenemos la victoria por el poder sobrenatural de Dios. Cuando nos enfrentamos a retos y persecución, el pueblo de Dios debe unirse y alabarle. El enemigo no tiene oportunidad de ganarles a quienes están dedicados a alabar a Dios; no puede vencer a quienes se regocijan en la gloria de Dios.

Yo solía decir en broma a mi equipo de alabanza que la razón por la cual los enemigos de Josafat fueron derrotados fue que sus músicos eran pésimos, que ¡quizás fue una tortura! Sus enemigos cedieron con rapidez diciendo: "Está bien, ustedes ganan, nos rendimos; ¡solo dejen de cantar!" Pero aun si esas personas en verdad hubieran carecido de oído musical y no hubieran podido hacer una sola nota, el Señor hubiera aceptado con gusto sus alabanzas. No fue la armonía lo que venció al enemigo; fue la presencia del poder de Dios lo que luchó por ellos y ganó sus batallas.

La alabanza no es una canción alegre donde todos dan palmas. La alabanza tampoco son las canciones rápidas que van antes de las más tranquilas. La alabanza es una declaración, un grito de victoria que proclama que la fe se mantiene firme en el lugar que Dios nos ha dado. La alabanza es una proclama de que el intento del enemigo por derribarnos no nos moverá. La alabanza declara que los intentos del enemigo por robarnos no tendrán éxito.

Si necesita que el enemigo huya de su vida, entonces necesita alabar hasta conseguir la victoria. Cuando alabamos a Dios junto con otros creyentes liberamos una fe explosiva que atemoriza al enemigo. Ese momento, en el cual nos hemos separado de nuestras preocupaciones y cuando de verdad nos regocijamos en nuestro Señor, es un momento de confrontación; y no nos podemos quedar en nuestro refugio si queremos entrar de lleno a ese momento. La alabanza es un poderoso grito de guerra que declara que nos mantendremos fuertes y que alabaremos a Dios todo el tiempo, por sobre las circunstancias. La alabanza nos lleva a la presencia de Dios, donde el enemigo no tiene otra opción más que huir. Llamo adoración a una explosión de fe que nos permite correr directo a los brazos amorosos de Jesús.

La alabanza se extiende más allá de lo que sentimos, de cómo fue nuestra semana o nuestro día, ya sea que tengamos mucho o poco. Nos permite ir directo a la majestuosa realidad de Cristo, nuestro glorioso Señor y el Rey de Reyes.

CUANDO ALABAMOS A DIOS JUNTO CON OTROS CREYENTES LIBERAMOS UNA FE EXPLOSIVA QUE ATEMORIZA AL ENEMIGO

Hace algunos años, en un viaje a Sudáfrica, visité un orfanato y un hospital para enfermos de SIDA, los cuales estaban llenos hasta el topo de niños abandonados y extremadamente enfermos. Rompía el corazón ver tan enfermos a todos esos niños hermosos, todos creados con un destino y un propósito. A muchos los habían abandonado en la calle para que se valiera por sí mismos. Los refugios donde los vi estaban auspiciados por una iglesia local y sus empleados eran creyentes llenos del Espíritu, quienes llevaban a cada uno de los niños a una relación divina con Jesús. En un pabellón donde solo se encontraban los enfermos crónicos de SIDA, una niñita preciosa me entregó la siguiente carta:

Lo que usted hace es lo que nuestro Padre quiere que haga,
Señorita Darlene, así que hágalo con lo mejor de usted y que Dios
la bendiga más y más (...) agradecemos a Dios por todo y lo conocemos.
Dios la bendiga, señorita Darlene.

Los quince niños restantes llegaron a la pequeña sala y me cantaron la canción "Todas las cosas son posibles". Yo estaba deshecha, pero ellos se veían radiantes y contentos. Pusieron la realidad de Cristo antes que sus cuerpos aquejados por el SIDA. ¡Cantaban con tanta fe!

Tres meses después todos los niños del hospital que conocí ese día se fueron para estar con Jesús. Sus vidas y la adoración que daban a Dios, nos dio una perspectiva de nuestras propias vidas. Cosas que en realidad no son tan importantes nos distraen con facilidad. El recuerdo de esos niños me hace servir al Señor con alegría, alabando a Cristo, porque *en Él* vivimos, *en Él* nos movemos y *en Él* somos.

DIOS HABITA EN NUESTRAS ALABANZAS

La Palabra dice que Dios *habita* en las alabanzas de Su pueblo (Salmos 22:3). Es sorprendente pensar que Dios, en toda su plenitud, habita y mora en *nuestras* alabanzas a Él. Cuando alguien pregunta: "¿Dónde está Dios en esta situación?", podemos decirle que sabemos que Dios se encuentra en nuestras alabanzas. Él está en nuestra alabanza; y con Su presencia trae amor, sanidad, perdón, gracia y misericordia. Lo que sea que se necesite para hacer que una situación cambie a nuestro favor, se presenta cuando alabamos al Señor.

Dios habita en nuestras alabanzas no solo en la iglesia; los domingos, sino en su casa, mientras trabaja, y cuando está lavando ropa o preparando una comida para sus amigos o familiares. Dios, en todo lo que Él es, habita en sus alabanzas. Si puede comprender esta verdad, entenderá que cada vez que lo alaba y cada vez que lo adora Él está ahí para satisfacer sus necesidades. Al alabarlo y adorarlo, nombre sus necesidades y mire Su respuesta. Él es todo lo que necesita.

TODO ES POSIBLE

DIOS PODEROSO Y REDENTOR
SEGURO ESTOY EN TI SEÑOR
NO HAY OTRO NOMBRE COMO JESÚS
NO HAY PODER COMO EL TUYO
EN ESTA ROCA FIRME ESTOY
NADA ME MOVERA DE TI
TÚ ERES MI ESPERANZA
Y ERES MI SALVACIÓN
MI BOCA SIEMPRE TE ALABARÁ
TÚ VIVES EN MI CORAZÓN
TE ALABO CON UN CANTO NUEVO
CON MI ALMA TE BENDIGO
ME LLENAS DE GOZO SEÑOR
Y MI DELICIA ERES TÚ
TE ALABO CON UN CANTO NUEVO
CON MI ALMA TE BENDIGO
SI DÉBIL SOY, HAY FUERZA EN TI
SI POBRE SOY, RICO EN TI
PORQUE EN EL NOMBRE DE JESÚS
TODO ES POSIBLE

1997 DARLENE ZSCHECH
HILLSONG PUBLISHING

En una ocasión visité una iglesia donde los miembros no cantaban la canción "Jesús, eres todo lo que necesito". Decían que no estaban de acuerdo con ella. Pensaban en un nivel práctico: necesitaban comida, aire para respirar, etc. Pero en realidad con Jesús no necesitamos nada más, porque la vida sin Él simplemente no vale la pena. Yo necesito a Jesús, usted necesita a Jesús, Él es *todo* lo que necesitamos.

EL PODER DE LA ALABANZA

La alabanza y la adoración sobrepasan todas las barreras del talento y la habilidad. La alabanza *¡invade al infierno y exalta al cielo!* Cuando alabamos a Dios, debemos pensar más allá de las notas, de la forma o la técnica. La alabanza y la adoración son una expresión poderosa del amor que trasciende las posibilidades de la música. Se nos dio para ser usada como arma de guerra o como una manta tibia en una noche fría. La alabanza es una manera sobrenatural de expresar nuestras gracias a nuestro Dios que tanto nos ama.

Nunca debemos subestimar el regalo que son y el poder que tienen la alabanza y la adoración. Cuando le llevamos con obediencia lo poco que podemos ofrecerle a través de la alabanza, Él es *siempre* fiel para responder con Su grandeza. Al entender esta arma de alabanza que Dios nos ha dado para extender su reino, debemos prepararnos para los incontables momentos milagrosos y sobrenaturales que experimentaremos.

NUESTRA ALABANZA ES IRRESISTIBLE PARA DIOS

En Salmos 8:2 dice: "De la boca de los niños y de los que maman, fundaste la fortaleza, a causa de tus enemigos, para hacer callar al enemigo y al vengativo". Este verso nos dice que hasta nuestros bebés tienen la autoridad del Señor para acallar al enemigo con la alabanza. ¡Acalle y avergüence al enemigo con su alabanza! Cuando canta, alaba, danza y se regocija frente a quien se opone, está usando armas de guerra espiritual en contra del diablo. Pablo describe esto en 2 Corintios 10:4, cuando dice:

"Porque las armas de nuestra milicia no son carnales, sino poderosas en Dios para la destrucción de fortalezas".

En mayo del año 2000 nos preparábamos para una gira de adoración a través de los Estados Unidos. Esas giras son intensas, tanto física como espiritualmente, pero los milagros que vimos ocurrir en ellas son increíbles. Tenía doce semanas de embarazo de un hijo que habíamos esperado y planeado por mucho tiempo. Tres días antes de irnos, Mark y yo fuimos con el obstetra y nos enteramos que el bebé acababa de morir en mi vientre.

Yo estaba destrozada y desconsolada; la agonía de ese momento fue indescriptible. Fue una pérdida terrible. Habíamos llegado en autos separados al consultorio del doctor, así que tuve que conducir sola de regreso a casa mientras Mark me seguía. Entré al auto sin saber qué pensar o hacer. Sentí que lo profundo de mi tristeza se volvería algo imposible de soportar. Entonces escuché que el Espíritu Santo me susurraba: *"Canta"*.

En ese momento cantar era lo último que quería hacer; no puedo pensar en nada que hubiera querido hacer menos en ese momento. Pero de nuevo escuché al Espíritu Santo decir: *"Canta"*, así que después de muchos años de haber aprendido que es mucho mejor obedecer con rapidez, comencé a cantar. Mi mente no cantaba, ni siquiera sé si mi corazón lo hacía, pero mi alma sí. Era casi involuntario; canté dos canciones, la primera que salió de mi boca fue una frase del himno que dice: "Mi corazón entona la canción, cuán grande es Él", algo que me sorprendió en verdad ya que esto fue lo que cantamos en el funeral de mi padre. La letra habla de poner la palabra de Dios antes que todo lo que podamos enfrentar como humanos, y de ser victoriosos en Él. La segunda canción fue una canción que había escrito años antes, llamada "Te Bendeciré, Señor". El coro dice: "Cómo clama mi alma por tí, mi Dios. Te bendeciré, Señor". De nuevo, aunque mis pensamientos estaban llenos de desesperación, el centro de mi ser, mi alma, cantaba, en vez de mi intelecto.

Para el momento en que llegué a casa, algo había ocurrido en el mundo espiritual. En muchas ocasiones hablé del poder de la alabanza en medio de una prueba, yo lo había hecho en diferentes grados, pero nunca antes había experimentado el poder de Dios cumplir de forma tan soberana su promesa:

CUÁN GRANDE ES ÉL

SEÑOR MI DIOS
AL CONTEMPLAR LOS CIELOS
EL FIRMAMENTO
Y LAS ESTRELLAS MIL
AL OÍR TU VOZ
EN LOS POTENTES TRUENOS
Y VER BRILLAR EL SOL
EN SU CENIT
MI CORAZÓN
ENTONA LA CANCIÓN
¡CUÁN GRANDE ES ÉL!
¡CUÁN GRANDE ES ÉL!

"Él sana a los quebrantados de corazón, y venda sus heridas", (Salmos 147:3). La dulce presencia de nuestro glorioso Salvador me colocó en camino a la victoria y la sanidad personal.

No todo acabó ahí, aún tuve que lidiar con las consecuencias físicas de perder un hijo: la operación, decírselo a nuestras hijas, a nuestra familia de la iglesia, que habían estado muy emocionados por nosotros, además de horas y horas de lágrimas. Pero Mark y yo tomamos la decisión de continuar con nuestros planes y seguir con la gira. Quizás fue una de las cosas más difíciles que jamás he hecho. Pero de nuevo, noche tras noche, me sentí llena de Su presencia al dirigir la alabanza desde una posición de fe. Escogí dirigir la alabanza y no darle al enemigo más terreno del que ya tenía. Continué en una resolución diaria de levantar los ojos y alabar a Dios con todo lo que tenía. Encontré mi sanidad en los brazos de Dios y, aunque la sanidad tomó su curso natural, encontré la verdad en la canción que dice: "Canta, oh mujer afligida…". Siempre agradeceré a Dios por el niño que llevé doce semanas.

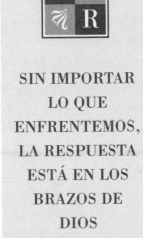

SIN IMPORTAR LO QUE ENFRENTEMOS, LA RESPUESTA ESTÁ EN LOS BRAZOS DE DIOS

Sin importar lo que enfrentemos, la respuesta siempre está en los brazos de Dios. En Salmos 138:2 dice: "Me postraré hacia tu santo templo, y alabaré tu nombre por tu misericordia y tu fidelidad; porque has engrandecido tu nombre, y tu palabra sobre todas las cosas". Este es un versículo poderoso. Él se exalta por encima de todo lo que enfrentemos: sobre cualquier decepción, sobre cualquier quebranto, sobre cualquier cosa que quiera exaltarse por encima del nombre de Jesús. Nos prometió Su nombre y Su Palabra. En Salmos 138:3 dice: "El día que clamé, me respondiste; me fortaleciste con vigor en mi alma". Esta fortaleza es valentía. Dios hace de Su pueblo un grupo de hombres y mujeres valientes.

ENTRÉ POR SUS PUERTAS CON ACCIÓN DE GRACIAS

Entrad por sus puertas con acción de gracias, por sus atrios
con alabanza; alabadle, bendecid su nombre
Salmos 100:4

El realizar mecánicamente las actividades de alabanza y adoración sin tener el propósito de entrar por sus puertas con el mayor de los agradecimientos, es como sostener una granada sin quitarle el seguro o tener una pintura de Leonardo Da Vinci y mantenerla en la caja fuerte. He llegado a escuchar que se hace referencia a las canciones de alabanza como "aperitivos" o "cócteles" antes del servicio de adoración. Reducir esos estremecedores gritos de victoria con afirmaciones de ese tipo debe entristecer el corazón de Dios mientras Él espera con paciencia que vivamos de nuevo en el poder de sus promesas. "El que sacrifica alabanza me honrará; Y al que ordenare su camino, le mostraré la salvación de Dios", (Salmos 50:23).

Una verdad poderosa que ha entendido nuestro equipo de adoración de la iglesia Hillsong Church es que hay un enorme poder cuando se lleva una ofrenda de acción de gracias a Dios. Filipenses 4:6 dice: "Por nada estéis afanosos, sino sean conocidas vuestras peticiones delante de Dios en toda oración y ruego, con acción de gracias." Como adoradores, somos personas que conocemos el poder de la acción de gracias y que recibimos Su paz. La Biblia dice que podemos entrar por Sus puertas con acción de gracias, por Sus atrios con alabanza, a Su trono. Es una oportunidad poderosa. La acción de gracias prepara el camino para que vayamos directo al impresionante salón del trono del Rey de reyes. Cuando entramos en la alabanza con verdadera acción de gracias, la paz de Dios, que sobrepasa todo entendimiento, acompaña a su corazón agradecido.

La alabanza y la adoración son como la oración. Son algo íntimo, intercesor y poderoso. Después de presentar ante Dios nuestras peticiones con acción de gracias, la Palabra dice: "Y la paz de Dios, que sobrepasa todo entendimiento, guardará vuestros corazones y vuestros pensamientos en Cristo Jesús", (Filipenses 4:7). La alabanza explosiva tiene el fin de entender el poder de traer la acción de gracias en la adoración.

Hay una mujer en nuestro coro que tendría todas las razones para estar llena de amargura: su esposo la dejó cuando estaba embarazada de su cuarto hijo. Pero canta en el coro y alaba a Dios mañana tarde y noche. Ha encontrado una forma de cumplir el llamado de Dios en su vida. Sus niños prosperan, su hogar prospera; y ella es un testimonio de la increíble grandeza de Dios. Ella tiene todas las razones para quedarse en casa, pero la consume una pasión por su Señor. Podría sentarse en casa y sentir lástima por sí misma, pero día a día toma la decisión de estar llena de alabanza explosiva.

Alabad a Jehová, porque él es bueno; porque para siempre es su misericordia. Diga ahora Israel, que para siempre es su misericordia (...) Desde la angustia invoqué a Jehová, y me respondió Jehová, poniéndome en lugar espacioso. Jehová está conmigo; no temeré lo que me pueda hacer el hombre. Jehová está conmigo entre los que me ayudan; Por tanto, yo veré mi deseo en los que me aborrecen. Mejor es confiar en Jehová que confiar en el hombre. Mejor es confiar en Jehová que confiar en príncipes. Todas las naciones me rodearon; mas en el nombre de Jehová yo las destruiré. Me rodearon y me asediaron; mas en el nombre de Jehová yo las destruiré. Me rodearon como abejas; se enardecieron como fuego de espinos; mas en el nombre de Jehová yo las destruiré. Me empujaste con violencia para que cayese, pero me ayudó Jehová. Mi fortaleza y mi cántico es Jehová, y él me ha sido por salvación. Voz de júbilo y de salvación hay en las tiendas de los justos; La diestra de Jehová hace proezas. La diestra de Jehová es sublime; La diestra de Jehová hace valentías. No moriré, sino que viviré, y contaré las obras de Jehová. (...) La piedra que desecharon los edificadores. Ha venido a ser cabeza del ángulo. De parte de Jehová es esto, y es cosa maravillosa a nuestros ojos.
Salmos 118:1-23

Jesús enfrentó una prueba horrible; sin embargo, continuó adorando al Señor con alabanza explosiva. Puedo imaginar a Jesús cantando el salmo 118 después de la cena de Pascua que antecedió a su crucifixión. Lo cantó momentos antes de llevar las transgresiones de la humanidad y hacernos libres. Entienda el poder de la adoración explosiva cuando esté en medio de una prueba y sea tenaz en su alabanza cuando se enfrente con dificultades.

Me gusta pensar en la vida de David porque él fue un adorador sin reservas que conocía el poder de la alabanza. David no tuvo reservas en su adoración cuando actuó bien y tampoco las tuvo cuando actuó mal, pero conocía el poder de adorar en medio de una prueba. David se encontraba en una mala situación cuando escribió el siguiente salmo:

Mis enemigos dicen mal de mí, preguntando: ¿Cuándo morirá, y perecerá su nombre? Y si vienen a verme, hablan mentira; su corazón recoge para sí iniquidad, y al salir fuera la divulgan. Reunidos murmuran contra mí todos los que me aborrecen; contra mí piensan mal, diciendo de mí: cosa pestilencial se ha apoderado de él; y el que cayó en cama no volverá a levantarse. Aun el hombre de mi paz, en quien yo confiaba, el que de mi pan comía, alzó contra mí el calcañar. Mas tú, Jehová, ten misericordia de mí, y hazme levantar, y les daré el pago. En esto conoceré que te he agradado, que mi enemigo no se huelgue de mí. En cuanto a mí, en mi integridad me has sustentado, y me has hecho estar delante de ti para siempre. Bendito sea Jehová, el Dios de Israel, por los siglos de los siglos. Amén y Amén.
Salmos 41:5-13

David cometió adulterio y luego tramó la muerte de un hombre. Dios no estaba contento con David. 2 Samuel 12:13 dice que David se arrepintió y Natán le dijo: "Jehová ha remitido tu pecado; no morirás". Con el perdón de Dios, David pudo mantenerse y decir: "en mi integridad me has sustentado". David entendió el poder de alabar y adorar a Dios cuando su mundo se estaba despedazando. Entendió el poder del perdón, y así cantó su amor por el Señor que lo liberaría.

EL PODER DE UN CLAMOR

La Palabra de Dios dice: "Venid, aclamemos alegremente a Jehová; cantemos con júbilo a la roca de nuestra salvación", (Salmos 95:1). Hay un gran poder al clamar. Un clamor reclama atención. Un clamor es profético y edificante; llama cosas que no son como si fueran. Un clamor demuestra entusiasmo, confianza y determinación; libera energía, valentía y pasión; cambia el ambiente que nos rodea.

La palabra de Dios nos dice que clamemos: "Aclamad a Dios con voz de júbilo" (Salmos 47:1). "Cantad alegres a Jehová, toda la tierra; levantad la voz (...)", (Salmos 98:4). Isaías 26:19 dice: "Despertad y cantad". No dice que nos despertemos y cantemos a nuestras parejas, no dice que nos despertemos y cantemos a nuestros hijos. ¡Dice que te despiertes y cantes de júbilo!

Cuando dirijo la alabanza, no alzo la voz para emocionar a las personas. Cuando alzo la voz, animo a las personas a poner algo de acción en su fe. Un clamor de gozo cambia el ambiente que está alrededor de nuestras vidas. La alabanza no es un grito de furia; ¡es un grito lleno de fe! Soy la peor pesadilla de cualquier maestra de canto, porque tenso continuamente mi voz antes de comenzar a cantar. ¡Me emociono en la reunión de oración mientras nos aferramos a Dios y cantamos sus alabanzas!

Cada vez que voy a una reunión, quiero llegar expectante por ver un cambio en las vidas de las personas, que refleje la gracia de Dios. Quiero ayudar a las personas a ver al Padre, ayudarlos a probar y a darse cuenta de que el Señor es bueno. Quiero que las personas canten una nueva canción. ¡Quiero que quienes estén tristes aprendan a cantar! Quiero que los tímidos griten con júbilo. Quiero ayudar a estas personas a ver al Padre, ayudarlas a probar y ver que el Señor es bueno. Ese es el poder de un cántico. Quiero que todos conozcan el poder de un canto al Señor.

"Jehová su Dios está con él, y júbilo de rey en él", (Números 23:21).

CANTA AL SEÑOR

MI CRISTO
MI REY
NADIE ES COMO TU
TODA MI VIDA
QUIERO EXALTAR
LAS MARAVILLAS DE TU AMOR
CONSUELO
REFUGIO
TORRE DE FUERZA Y PODER
TODO MI SER
LO QUE YO SOY
NUNCA CESE DE ADORAR
CANTE AL SEÑOR
TODA LA CREACION
HONRA Y PODER
MAJESTAD SEAN AL REY
MONTES CAERAN
Y EL MAR RUGIRA
AL SONAR DE TU NOMBRE
CANTO CON GOZO
AL MIRAR TU PODER
POR SIEMPRE YO TE
AMARE Y DIRE
INCOMPARABLES PROMESAS
ME DAS SEÑOR

1993 DARLENE ZCHECH
HILLSONG PUBLISHING

Los muros caen

Se habla de muros en gran parte del Antiguo Testamento. Los muros resguardaban de los asesinos y protegían a los ciudadanos en un área segura. Algunos muros eran tan gruesos que se construían comunidades enteras encima de ellos. Había quienes vivían encima de los muros para ver si alguien se aproximaba, amigo o enemigo. Los muros emocionales que se construyen para proteger y aislar rodean a muchos creyentes, pero con mucha frecuencia, los muros que se construyen por seguridad se vuelven tan restrictivos que no permiten, a quienes se encuentran en su interior, expandirse, ser desafiados o confrontados. Algunos muros fueron construidos con la intención de dividir y separar a la gente de otros creyentes.

Las barreras emocionales evitan que las personas puedan entrar a la riqueza de la adoración. En vez de protegernos, las murallas emocionales a menudo se convierten en fortalezas que con el tiempo nos destruirán. Pero la unción de Dios derriba fortalezas y rompe el yugo que oprime. El nombre de Jesús derrumba muros. Cuando levantamos su nombre en alabanza y adoración, y dejamos que nuestros corazones canten a quien nos hizo, veremos caer las paredes que nos aprisionan. Algunos muros pueden ser muy frágiles y fáciles de desmantelar, mientras que otros pueden necesitar ser atacados con un cántico de alabanza. Algunas de nuestras murallas pueden ser tan gruesas que necesiten dinamita para desaparecer.

LAS BARRERAS EMOCIONALES EVITAN QUE LAS PERSONAS PUEDAN ENTRAR A LA RIQUEZA DE LA ADORACIÓN

Algunos muros emocionales se construyen para hacer que el dolor recibido se reduzca al mínimo o para recibir el amor con el menor riesgo. En realidad, la mayoría de los muros evitan que el hombre, en su interior, reciba cualquier cantidad de amor. Pero cuando la iglesia se restaura, estas murallas caen y se desmoronan a través de la alabanza y la adoración. La iglesia se restaura para ser fuerte, llena de rectitud, paz y gozo en el Espíritu Santo. Grite con júbilo, ¡porque los muros están cayendo!

Un canto de gozo es como un clamor profético para vencer obstáculos en nuestras vidas. Un cántico de alabanza que viene del centro de quienes somos y que cree en la divinidad y soberanía de nuestro Dios, obtendrá una cosecha de bendiciones. Dios puede destruir cualquier muro en su vida. Lo ha hecho por mí una y otra vez. ¡Personalmente he visto derrumbarse mis muros de inseguridad, orgullo, desconfianza y miedo mientras lo adoro!

Aclamad a Dios con alegría, toda la tierra. Cantad la gloria de su nombre; poned gloria en su alabanza. Decid a Dios: ¡Cuán asombrosas son tus obras! Por la grandeza de tu poder se someterán a ti tus enemigos. Toda la tierra te adorará, y cantará a ti; cantarán a tu nombre.
Salmos 66:1-4

Me gusta mucho lo que escriben T.D. Jakes y su esposa, Serita. En su libro *The Princess Within* Serita habla de Jesús como su guardián secreto.

Cuando llegué a entender que el guardián secreto ya había perdonado lo que yo no podía olvidar, y que Él ya había olvidado lo que yo aún lamentaba, sentí un gran alivio. Los muros que había construido para proteger mis sentimientos y esconder la culpa del pasado se volvieron cada vez menos necesarios. Todo ese tiempo sentí que estaba evitando que alguien entrara, cuando en realidad, lo que hacía era prohibirme el salir. Estaba atrapada por un muro invisible.

Eso es lo que ocurre cuando construimos murallas. Creemos que nos protegemos para evitar lastimarnos, pero en realidad nos estamos impidiendo salir.

En aquel día dirás: Cantaré a ti, oh Jehová; pues aunque te enojaste contra mí, tu indignación se apartó, y me has consolado. He aquí Dios es salvación mía; me aseguraré y no temeré; porque mi fortaleza y mi canción es JAH Jehová, quien ha sido salvación para mí. Sacaréis con gozo aguas de las fuentes de la salvación. Y diréis en aquel día: Cantad a Jehová, aclamad su nombre, haced célebres en los pueblos sus obras, recordad que su nombre es engrandecido. Cantad salmos a Jehová, porque ha hecho cosas magníficas; sea sabido esto por toda la tierra. Regocíjate y canta, oh moradora de Sion; porque grande es en medio de ti el Santo de Israel.

Isaías 12:1-6

LA ALABANZA TENAZ

Usted sea tenaz en su alabanza y adoración, en especial cuando enfrente una prueba. Josué aprendió el poder de la alabanza tenaz cuando fue el momento de que entrara a la Tierra Prometida. Pero antes de que el pueblo de Dios pudiera establecerse por completo, debía derrumbarse el muro que rodeaba la ciudad fortificada de Jericó. Y esta era una muralla sobre la cual vivía gente.

En Josué 1:2-5 el Señor habló a Josué y dijo:

Mi siervo Moisés ha muerto; ahora, pues, levántate y pasa este Jordán, tú y todo este pueblo, a la tierra que yo les doy a los hijos de Israel. Yo os he entregado, como lo había dicho a Moisés, todo lugar que pisare la planta de vuestro pie. Desde el desierto y el Líbano hasta el gran río Eufrates, toda la tierra de los heteos hasta el gran mar donde se pone el sol, será vuestro territorio. Nadie te podrá hacer frente en todos los días de tu vida; como estuve con Moisés, estaré contigo; no te dejaré, ni te desampararé.

A Josué se le había ordenado destruir la muralla y tomar posesión de la tierra prometida. El Señor le dijo a Josué (versículos 6-8):

Esfuérzate y sé valiente; porque tú repartirás a este pueblo por heredad la tierra de la cual juré a sus padres que la daría a ellos. Solamente esfuérzate y sé muy valiente, para cuidar de hacer conforme a toda la ley que mi siervo Moisés te mandó; no te apartes de ella ni a diestra ni a siniestra, para que seas prosperado en todas las cosas que emprendas. Nunca se apartará de tu boca este libro de la ley, sino que de día y de noche meditarás en él, para que guardes y hagas conforme a todo lo que en él está escrito; porque entonces harás prosperar tu camino, y todo te saldrá bien.

Yo me habría sentido nerviosa con que solo dos veces Dios me hubiera dicho que fuera valiente. Pero así como el Señor se mantuvo diciendo a Josué que se esforzara y fuera valiente, Él nos dice que no nos desanimemos, porque el Señor nuestro Dios estará con nosotros a donde sea que vayamos. La Tierra Prometida está al otro lado del muro emocional, ¿cuál es su muro?

Si va a atacar su muro, entonces necesita tener la Palabra del Señor profunda y firmemente establecida en su corazón. Josué solo contaba con la Palabra del Señor para luchar, ¡tenía la Palabra del Señor y una enorme muralla!

En Josué 2:9-11, leemos sobre Rahab, la prostituta que vivía en el muro de Jericó, quien escondió a los espías que Josué había mandado. Ella le dijo:

Sé que Jehová os ha dado esta tierra; porque el temor de vosotros ha caído sobre nosotros, y todos los moradores del país ya han desmayado por causa de vosotros. Porque hemos oído que Jehová hizo secar las aguas del Mar Rojo delante de vosotros cuando salisteis de Egipto, y lo que habéis hecho a los dos reyes de los amorreos que estaban al otro lado del Jordán, a Sehón y a Og, a los cuales habéis destruido. Oyendo esto, ha desmayado nuestro corazón; ni ha quedado más aliento en hombre alguno por causa de vosotros, porque Jehová vuestro Dios es Dios arriba en los cielos y abajo en la tierra.

Josué debió haberse llenado de valor cuando escuchó que los corazones de sus enemigos estaban llenos de miedo. Cuando Josué alistó a su ejército y comenzó a marchar alrededor de la ciudad como Dios le había ordenado, hubo miedo en el campamento enemigo, pero no por que Josué fuera brillante, sino porque ellos habían escuchado del poder que tenía Su Dios ¿No es eso estupendo?

Cuando damos un paso para atacar con tenacidad y valor las murallas que hay en nuestras vidas también hacemos que el diablo sienta miedo. Cuando llevamos a Dios una ofrenda de adoración sin reservas, cuando damos un poderoso grito de alabanza, el diablo tiene miedo porque conoce el poder de Dios para derribar las fortalezas que nos mantienen cautivos. Él sabe que estaremos libres tan pronto como cantemos al Señor en alabanza y adoración.

En cuanto Josué preparó todo lo que Dios le había mandado hacer, avanzó hacia el muro. Josué 6:6-7 dice que debía llevar el arca del pacto (la presencia de Dios) y a siete sacerdotes que llevaran trompetas hechas de cuernos de carnero frente a ella (es entonces cuando el líder de la alabanza espera que los músicos puedan tocar). Después, les ordenó que avanzaran.

No podemos romper las barreras de nuestra vida estando inmóviles. Debemos avanzar, tomar terreno, movernos. Se requiere que los hombres y mujeres de Dios tengan valor para apartarse de las cosas que alguna vez los aprisionaron. Se requiere de valentía para avanzar.

Josué hizo todo lo que Dios le había dicho que hiciera y la presencia del Señor estuvo con ellos. Marcharon una vez alrededor de la ciudad y regresaron al campamento; hicieron eso por seis días. Evaluaban la situación, oraban y se preparaban para el colapso. El séptimo día se levantaron al amanecer y marcharon alrededor de la ciudad de la misma manera, con la excepción de que ese día la habían rodeado ya siete veces.

TODOS SE LIBERAN CUANDO DIOS HABITA EN LAS ALABANZAS DE SU PUEBLO

La séptima vuelta, cuando el sacerdote sonó la trompeta, Josué ordenó a su gente: "Gritad, porque Jehová os ha entregado la ciudad. Y será la ciudad anatema a Jehová, con todas las cosas que están en ella". Después (v. 20) cuando las trompetas sonaron, el pueblo gritó y la muralla se derrumbó, así que todos los hombres atacaron directamente y tomaron la ciudad, reclamaron la tierra prometida y la dedicaron a Dios.

Lo mismo ocurre con nosotros. La presencia de Dios va con nosotros al avanzar en las promesas que Dios nos ha dado, es poderosa cuando alabamos a Dios y sentimos un enojo recto hacia nuestro muro. A veces, desear que suceda y decir: "por favor" no es suficiente para sentirnos libres y entrar a la tierra prometida. En ocasiones necesitaremos asirnos de Dios y dar un grito de victoria. Un grito de alabanza tenaz y explosivo es un golpe al rostro del diablo y es una declaración de acción de gracias para nuestro maravilloso Dios, quien mantiene las promesas que nos ha hecho.

Así que, grite en Su presencia, luego retroceda y vea derrumbarse los muros. Alabe hasta derribar las murallas difíciles que edificaron en su vida. Durante la alabanza y la adoración, las oraciones, que son el incienso de los santos, son abundantes y realizadoras. Alguien puede llegar al servicio y venir del mundo de la maldad o la oscuridad, pero cuando está rodeado de alabanza tenaz y explosiva, verá belleza, gracia y vida abundante. Todos se liberan cuando Dios habita en las alabanzas de su pueblo.

Aderezas mesa delante de mí en presencia de mis angustiadores; unges mi cabeza con aceite; mi copa está rebosando. Ciertamente el bien y la misericordia me seguirán todos los días de mi vida, y en la casa de Jehová moraré por largos días.
Salmos 23:5-6

Dijo entonces Jesús a los judíos que habían creído en él: Si vosotros permaneciereis en mi palabra, seréis verdaderamente mis discípulos; y conoceréis la verdad, y la verdad os hará libres.
Juan 8:31-32

Hay amistades y posibilidades de relaciones íntimas acordes con el corazón de Dios de las cuales nos alejan las barreras de inseguridad. Hay matrimonios estupendos que se encuentran encerrados tras muros de falta de perdón, de orgullo y desconfianza. Hay ministerios sorprendentes detrás de muros de rebelión e impiedad. Hay sanidades escondidas tras muros de miedo. También están los días más gloriosos de alabanza que están frente a nosotros cuando aprendemos a despreocuparnos de lo que la gente pudiera pensar y caminamos en la victoria reservada para quienes alaban a Dios.

Hace muchos años, cuando Mark y yo llegamos a Sydney, conocimos a una pareja, quienes fueron nuestros primeros amigos cercanos en nuestra nueva iglesia, Hillsong. Por causa de mis inseguridades, mi amistad con Liz llegaba hasta cierto nivel específico y luego yo ponía una *enorme* barrera para alejarla por completo de mi vida. Esa barrera era producto de años de pensamientos equivocados y no la rendí al señorío de Cristo por mucho tiempo.

Quería continuar con esa amistad y no pude, así que me retiré detrás de un caparazón. Deje de hablarle a Liz y dejé de llamarla. Quería con desesperación ser libre de disfrutar su amistad, pero ese muro de inseguridad era muy grande. Era real y no pude franquearlo hasta que estuve en la presencia del Señor para rendir mi vida de nuevo y pedirle ayuda.

Oré: *Dios, quita este muro de inseguridad que no quiere ser dañado por una amistad. Quiero dar amor desesperadamente, pero este muro impide que lo reciba.* Una vez que el muro estuvo destruido, nos tomó unos cuantos días recuperar lo que teníamos. Ahora es una de las personas que más quiero, pero en verdad me arrepiento por el tiempo perdido.

Los muros *son* una pérdida de tiempo. Me enfado porque el enemigo viene a robar, matar y arrebatarnos, sin embargo, la Palabra de Dios viene para liberarnos. La presencia de Dios en nuestras vidas tiene poder para librarnos y disfrutar de quien es Él. Alabe a Dios, quien nos da grandes corazones y emociones saludables, para recibir sus promesas y amar a una generación lastimada sin ningún muro que nos detenga.

Capítulo tres

EL COMPROMISO ENERGÉTICO

EL COMPROMISO
ENERGÉTICO

Enséñame, oh Jehová, el camino de tus estatutos, y lo guardaré
hasta el fin. Dame entendimiento, y guardaré tu ley, y la cumpliré
de todo corazón. Guíame por la senda de tus mandamientos,
porque en ella tengo mi voluntad.

Salmos 119:33-35

Obediencia es una palabra bíblica que a muchos cristianos les gustaría ignorar, pero Abraham estaba comprometido a obedecer a Dios. Abraham estaba lleno de un deseo inspirado de obedecer a todo lo que Dios le pidiera, aun cuando Dios le pidió que ofreciera a su hijo querido como sacrificio. La disposición de Abraham era evidente, ya que después de haber escuchado que Dios le pidiera eso, se levantó la mañana siguiente para comenzar su peregrinaje de fe.

Quizás Abraham estaba ansioso de obedecer porque sabía que podía confiar en Dios. Isaac sabía que estaban escalando la montaña para ofrecer un sacrificio; tenían leña para el altar y con qué encender un fuego, pero no llevaban ningún animal para el sacrificio. Isaac le preguntó esto a su padre, y podemos ver la confianza que tuvo Abraham en el carácter de Dios cuando le aseguró a su hijo que el Señor proveería el sacrificio.

Cuando llegaron al lugar que Dios le había dicho, Abraham construyó el altar y recostó a su hijo sobre él para *ofrecerlo* como sacrificio, tal y como el Señor le había pedido que lo hiciera. Pero Dios detuvo a Abraham. "No extiendas tu mano sobre el muchacho, ni le hagas nada; porque ya conozco que temes a Dios, por cuanto no me rehusaste tu hijo, tu único", (Génesis 22:12). Luego Abraham vio un carnero con los cuernos enredados en un arbusto y lo sacrificó al Señor.

Y llamó el ángel de Jehová a Abraham por segunda vez desde
el cielo, y dijo: Por mí mismo he jurado, dice Jehová, que por
cuanto has hecho esto, y no me has rehusado tu hijo, tu único hijo;
de cierto te bendeciré, y multiplicaré tu descendencia como las
estrellas del cielo y como la arena que está a la orilla del mar;
y tu descendencia poseerá las puertas de sus enemigos.
En tu simiente serán benditas todas las naciones de la tierra,
por cuanto obedeciste a mi voz.
Génesis 22:15-18

Porque Abraham fue obediente, Dios vertió bendiciones sobre Su siervo. ¿No es sorprendente que Dios estuviera dispuesto a bendecir a todas las naciones de la tierra por la obediencia de un solo hombre? ¿Qué podría hacer Dios con nuestra obediencia?

LA SUMISIÓN ÚNICAMENTE SE DA EN EL MOMENTO EN QUE OBEDECEMOS AUNQUE NO ESTEMOS DE ACUERDO CON LO QUE SE NOS PIDE QUE HAGAMOS.

Obediencia significa sumisión (otra palabra que no a todos nos gusta); sumisión es ceder ante la autoridad de manera habitual. ¡Hasta la palabra *ceder* suena horrible! Ceder requiere de compromiso. Todos debemos decidir obedecer, luego comprometernos y someternos. Es fácil someterse con entusiasmo a la autoridad cuando todo está bien, pero solo hay sumisión cuando dejamos de estar de acuerdo. La sumisión únicamente se da en el momento en que obedecemos *aunque no estemos de acuerdo* con lo que se nos pide que hagamos. Hasta que no lleguemos a obedecer cuando no estemos de acuerdo, no nos habremos sometido en lo absoluto; estuvimos de acuerdo, pero no estuvimos sometidos.

¿Por qué las personas tienen tanto miedo de obedecer; de comprometerse, someterse y ceder de forma habitual ante la autoridad? Creo que la obediencia requiere de una respuesta basada en la confianza, y un compromiso con esa respuesta. La obediencia requiere un seguimiento real, y no somos buenos para terminar lo que comenzamos. Por lo general, somos buenos para comenzar, porque todos queremos cambios rápidos e instantáneos, ¡pero la mayoría de las personas se quejan si tienen que esperar treinta segundos más de lo esperado en la ventanilla para autos de un restaurante de comida rápida! Todos quieren resultados inmediatos; pocas personas están preparadas para esperar; pero Dios es un constructor, no un mago. Él es un edificador de vida y los mejores edificios siempre requieren de tiempo.

El viaje de la vida siempre incluirá algunos puntos bajos, pero si no dejamos de confiar en Dios, disfrutaremos la victoria en el otro lado. Dios tiene planes para usted que están *mucho* más allá de cualquier cosa que pudiera decir o pensar. Dios promete hacer que todo funcione para nuestro bien, pero con frecuencia no estamos dispuestos a soportar y obedecerlo mientras esperamos los resultados. Estamos listos para reaccionar, pero a menudo no estamos dispuestos a comprometernos a reaccionar de una forma que nos permita disfrutar la victoria final.

DIOS TIENE PLANES PARA USTED QUE ESTÁN MUCHO MÁS ALLÁ DE CUALQUIER COSA QUE PUDIERA DECIR O PENSAR

Todos fallamos cuando tratamos de obedecer a Dios en nuestras propias fuerzas. Nunca fuimos llamados a vivir una vida sobrenatural por medios naturales. Fuimos creados para una vida en Dios a través del poder del Espíritu Santo. La Palabra de Dios dice: "No con ejército, ni con fuerza, sino con mi Espíritu, ha dicho Jehová de los ejércitos", (Zacarías 4:6). Cuando recibimos a Jesús como Señor y Salvador, recibimos al Espíritu Santo para que more en nosotros y nos de el poder de ser testigos de Su gloria. La salvación hace que vivamos una vida con un propósito, a través del poder del Espíritu Santo. Es por ello que debemos adoptar la oración de Pablo que se encuentra en Efesios 3:16-21 y decir:

Señor, pido que conforme a las riquezas de tu gloria, sea fortalecido con poder en el hombre interior por tu Espíritu; que habite Cristo por la fe en mi corazón, a fin de que, arraigado y cimentado en amor, sea plenamente capaz de comprender con todos los santos cuál sea la anchura, la longitud, la profundidad y la altura, y de conocer el amor de Cristo, que excede a todo conocimiento, para que sea lleno de toda la plenitud de Dios. Y a Aquel que es poderoso para hacer todas las cosas mucho más abundantemente de lo que pedimos o entendemos, según el poder que actúa en nosotros, a él sea gloria en la iglesia en Cristo Jesús por todas las edades, por los siglos de los siglos. Amén.

NUNCA FUIMOS LLAMADOS A VIVIR UNA VIDA SOBRENATURAL CON MEDIOS NATURALES

Antes de ser salva, pensé que la obediencia significaba apegarse a leyes y reglas; que era una respuesta al deber y por tanto era una decisión meramente cerebral. No la consideraba como una decisión sincera, me basaba en hechos concretos. En el Antiguo Testamento, las personas obedecían porque el no hacerlo significaba la muerte, ¡así que la obediencia era una opción bastante buena! Pero en nuestra nueva vida en Cristo, bajo un nuevo pacto, la obediencia es un asunto del corazón. Obedecer a Dios no es una decisión que se basa en hechos concretos; es una decisión que se basa en la fe.

Tal vez podríamos obedecer al Señor solo por que Él lo pide, pero es mejor hacerlo porque confiamos en Dios. Al confiar en Él, no obedecemos con ojos humanos, sino que vemos sus mandatos a través de los ojos del Espíritu. Si confiamos en el carácter de Dios, como lo hizo Abraham, podemos confiar que nuestra obediencia nunca nos llevará a un lugar en el que no queramos estar.

Charles Swindoll dijo una vez: "La mejor prueba de nuestro amor por el Señor es nuestra obediencia, nada más ni nada menos". ¡Eso es formidable! La obediencia no es para pusilánimes; la obediencia es para los guerreros. La obediencia es para aquellos que se pueden mantener fuertes sin importar las circunstancias y decir: "¡Sí!", a Dios y no a sí mismos. Esa es la obediencia. La obediencia requiere de fuerza y resistencia.

Nosotros somos el ejército del Señor y no podremos llegar muy lejos sin compromiso y obediencia totales. La obediencia a Dios no es una disciplina mental; es un corazón rendido a Dios. La obediencia es una parte hermosa de la adoración. Me gusta mucho estar en medio de personas que estén consumidas por Dios, consumidas en honrarlo con su alabanza y adoración a través de una canción.

Siempre hay personas que eligen no incorporarse a la acción colectiva de la adoración. En medio de la increíble presencia de Dios, se detienen para no entrar en ella porque carecen de obediencia hacia Su invitación de entrar en Su presencia. Se cruzan de brazos, se encierran en su interior y, esencialmente, dicen: "No adoraré al Señor".

Me interesa mucho ser alguien que obedezca al Señor, por eso mantengo el latido de mi corazón al compás del suyo; quiero estar en sincronía con Él, quiero inspirar a otros a obedecerlo para que puedan cumplir todo por lo cual nacieron para disfrutar. Si no obedecemos, desobedecemos; no hay zona neutral, y Dios detesta eso, no le gusta lo tibio. Así que no deje que el miedo a la obediencia lo domine y aprisione. El miedo hará que se mantenga detenido mientras todos los demás avanzan, el miedo lo dejará en medio de la nada. Comprométase a obedecer a Dios con entusiasmo y levántese temprano para hacer lo que Él lo llame a hacer.

EL TEMOR AL SEÑOR ES UNA NOCIÓN PROFUNDA Y REVERENCIAL DE NUESTRA RESPONSABILIDAD ANTE ÉL

TEMA AL SEÑOR

El temor a Dios inspira a obedecer, este temor reverente hacia Dios es diferente del temor que ata. Dios dijo: "¡Quién diera que tuviesen tal corazón, que me temiesen y guardasen todos los días todos mis mandamientos, para que a ellos y a sus hijos les fuese bien para siempre!", (Deuteronomio 5:29). *Para siempre* ¡es una gran promesa! En cambio, si no obedecemos, si comenzamos a ver nuestras vidas con ojos humanos y no con los ojos del espíritu, evitamos que se cumpla. Él quiere que nuestros corazones le teman; quiere que guardemos sus mandamientos siempre, para que nos vaya bien a nosotros y a nuestros hijos; por siempre.

El temor al Señor es una noción profunda y reverencial de nuestra responsabilidad ante Él. Él nos consuela, y podemos hablarle como a nuestro mejor amigo, pero también es el creador del universo, el alfa y la omega, el principio y el fin, el primero y el último. Él es nuestra salvación, nuestro sanador y proveedor, el Cordero de Dios.

El Señor escucha nuestra alabanza y adoración, escucha lo que decimos a otros acerca de Él. Malaquías 3:16 dice:

POR SU GRAN AMOR, ÉL ESTABLECE LÍMITES EN NUESTRAS VIDAS PARA MANTENERNOS SEGUROS

Entonces los que temían a Jehová hablaron cada uno a su compañero; y Jehová escuchó y oyó, y fue escrito libro de memoria delante de él para los que temen a Jehová, y para los que piensan en su nombre. Y serán para mí especial tesoro, ha dicho Jehová de los ejércitos, en el día en que yo actúe; y los perdonaré, como el hombre que perdona a su hijo que le sirve. Entonces os volveréis, y discerniréis la diferencia entre el justo y el malo, entre el que sirve a Dios y el que no le sirve.

Como cristianos, somos hijos del Dios viviente y tenemos acceso al salón de Su trono, pero como Él es un Padre amoroso, pide nuestra obediencia. Si unos padres dejaran a sus hijos jugar afuera sin darles reglas para seguir, y además les dijeran: "Jueguen en la carretera, lo que quieran hacer está bien", todos estaríamos de acuerdo en que no son buenos padres.

El Señor nos ama y nos da reglas que harán que nos vaya bien a nosotros y a nuestros hijos por siempre. Por Su gran amor, Él establece límites en nuestras vidas para mantenernos seguros, está dedicado a ayudarnos a ser todo para lo que nos creó. Si no nos pidiera obediencia ¡imagine el desastre en el que estaríamos!

Yo amo al Espíritu Santo porque nos guía con fidelidad. La decisión de obedecer sigue siendo nuestra, pero si no nos rendimos a la autoridad de Dios, terminaremos dando círculos alrededor de la montaña en vez de entrar a ella, hacia la aventura. Que todos recibamos las bendiciones que la obediencia trae a nuestras vidas.

PONGA SU FE EN DIOS

Fíate de Jehová de todo tu corazón, y no te apoyes en tu propia prudencia. Proverbios 3:5

He aprendido a confiar siempre en Dios y a no guiarme por lo que veo. Obedecer la Palabra de Dios en vez de a la opinión popular, y confiar en su tiempo perfecto, siempre es una lección que edifica el carácter. Lo desafío a levantar el estandarte que dice: "No importa lo que cueste", y a ponerlo sobre su vida en obediencia total. Ríndase al corazón de nuestro Señor porque Sus caminos son más altos que los nuestros; a veces es difícil entenderlos, pero es una realidad que Sus sendas son siempre mejores que las nuestras.

Cuando la Madre Teresa era joven, le dijo a su madre que quería entrar al ministerio. Su madre tenía otros planes para su dulce Teresa, pero obedeció al Señor y le dijo a su hija: "Pon tu mano en la de Dios y camina siempre con Él; todo el camino con Él hasta el final". El mundo vio a Teresa hacerlo con la gloria de Dios como un estandarte sobre su cabeza. Ese estandarte pudo haber dicho: "No importa lo que cueste".

En el comienzo del segundo milenio, San Francisco de Asís escribió la siguiente oración:

LO QUE SEA NECESARIO

OH SEÑOR, HAZME UN INSTRUMENTO DE TU PAZ:

DONDE HAYA ODIO, QUE YO LLEVE EL AMOR.
DONDE HAYA OFENSA, QUE YO LLEVE EL PERDÓN.
DONDE HAYA DISCORDIA, QUE YO LLEVE LA UNIÓN.
DONDE HAYA DUDA, QUE YO LLEVE LA FE.
DONDE HAYA ERROR, QUE YO LLEVE LA VERDAD.
DONDE HAYA DESESPERACIÓN, QUE YO LLEVE LA ES-
PERANZA.
DONDE HAYA TRISTEZA, QUE YO LLEVE LA ALEGRÍA.
DONDE HAYA TINIEBLAS, QUE YO LLEVE LA LUZ.

OH MAESTRO, AYÚDAME A NUNCA BUSCAR:
SER CONSOLADO, SINO CONSOLAR.
SER COMPRENDIDO, SINO COMPRENDER.
A SER AMADO, SINO AMAR.

PORQUE:
ES DANDO, QUE SE RECIBE;
PERDONANDO, QUE SE ES PERDONADO;
MURIENDO, QUE SE RESUCITA A LA VIDA ETERNA

–ORACIÓN DE SAN FRANCISCO

CONOZCA EL PRECIO

Si trabajamos muy duro para conseguir algo y finalmente lo conseguimos, lo cuidamos; atesoramos las cosas que nos han costado. A los niños que constantemente se les da todo lo que piden sin conocer su precio, no tienen consideración del valor que tienen sus posesiones. Las metas en nuestras vidas nos costarán, pero debemos estar dispuestos a pagar ese precio. Sea cual sea el precio para ganar a Cristo y a Su amor, vale la pena.

"Shout to the Lord" es una canción popular en todo el mundo. Hay gente que me ha dicho que desearía haberla escrito, pero para mí, fue una canción muy costosa. Las letras de esa canción llegaron de un momento difícil en mi vida que me tuvo un gran precio. Si no hubiera logrado avanzar, ese momento hubiera sido demasiado caro, pero ahora, no cambiaría ninguna de las dificultades que enfrenté en ese momento, pues puedo ver que me dieron la fuerza para romper las murallas y lograr volverme una vencedora.

Si me hubiera detenido justo antes de que el muro se derrumbara, el costo en mi vida habría sido demasiado. Mi ser interior no podía costear el precio del dolor que yo llevaba en ese momento, pero algo se levantó

PODRÍA DECIR QUE LA MAYORÍA DE LAS PERSONAS NO PAGAN EL PRECIO DE LA OBEDIENCIA QUE LOS LLEVARÍA A TRAVÉS DE LA MURALLA QUE ESCONDE DE ELLOS LA TIERRA PROMETIDA

dentro de mi; algo que no era yo. El Espíritu de Dios me hizo avanzar hasta llegar al otro lado del muro que me alejaba de sus promesas para mi vida. Pero llegar a esas promesas requería de una gran inversión de mi vida.

Algún día podríamos necesitar pagar lo que cueste el avanzar hacia la Tierra Prometida de Dios; que seguramente estará tras un muro de dificultades. Podría decir que la mayoría de las personas no pagan el precio de la obediencia que los llevaría a través de la muralla que esconde de ellos la tierra prometida. Se retiran, y nunca pueden descubrir lo que estaba del otro lado. "Sabiduría ante todo; adquiere sabiduría; y *sobre todas tus posesiones* adquiere inteligencia" (Proverbios 4:7, énfasis añadido).

Apocalipsis 21:6-7 dice: "Hecho está. Yo soy el Alfa y la Omega, el principio y el fin. Al que tuviere sed, yo le daré *gratuitamente* de la fuente del agua de la vida. *El que venciere heredará todas las cosas*, y yo seré su Dios, y él será mi hijo" (el subrayado es mío). Me pareció interesante darme cuenta de que la fuente del agua de la vida es gratuita y que el que venza lo heredará todo. Hay personas que leen la primera mitad del versículo y dicen: "Excelente, ¡el agua viva que apagará mi sed espiritual es gratuita!" Pero la línea siguiente explica que existe un precio para tener acceso a la herencia.

Para heredar las promesas de Dios debemos ser vencedores. Un vencedor es quien se resistirá a todo lo que provenga del enemigo. Dios dice que quien sea un vencedor (quién esté preparado para hacer lo que sea necesario) heredará todo esto: acceso libre a la fuente del agua de la vida.

Las cosas valiosas cuestan, debemos decidir si estamos dispuestos a pagar el precio. Quiero ser una líder valiosa en la casa de Dios, por tanto, debo estar preparada para pagar el precio que se requiere para convertirme en esa persona. Ser un buen padre cuesta tiempo, ser un gran cantante o músico requiere de disciplina, práctica y más práctica. Ser un buen cónyuge requiere amor ¡y mucho!

Lo valioso que es algo para usted determina el precio que está dispuesto a pagar por ello. Pagar el precio nos afirma y fortalece, nos volvemos personas más grandes en Cristo. Si está enfrentando el costo de algo, no huya de él, pague el precio para volverse un vencedor. Busque hacerse responsable ante alguien si necesita fuerza para resistir; hable con sus amigos, pastores, mentores o el grupo al que asista. Un consejo que venga de Dios lo animará e inspirará para pagar el precio que se le pida.

Para recibir el premio, comprométase con entusiasmo a pagar lo que sea necesario. Cuando miro las etiquetas de precio que han traído algunas de las lecciones en mi vida, me siento contenta de que elegí pagarlo. Aumente su compromiso hacia el camino de Dios que lo llevará a Su Tierra Prometida. El nivel de compromiso que le costó tanto el año pasado ya no parece ser tan extremo. Siempre hay un nuevo nivel que alcanzar en su relación con Dios, contiene su propia etiqueta de obediencia, el precio vale la pena. Comprométase a obedecer a Dios con entusiasmo; no por tratar de impresionar a quienes lo rodean, sino por su amor a Jesús. Haga lo que sea necesario para que Su reino se extienda.

Sí, pague el precio y hágalo con hermosura y gozo. Una vez que esté dispuesto a cumplir esa decisión, no volverá siquiera a pensarlo, el compromiso establece un "trato hecho" en la mente.

El Padre busca personas que no abandonen la carrera, busca personas que marcharán alrededor de su Jericó un día más, una vez más, quizás las veces que sea necesario, hasta ver caer la muralla que los mantiene lejos de Sus promesas. Busca personas que conocen el precio y que han escogido seguirlo.

Hace mucho tiempo abandoné mis derechos, esta vida no es solo mía. Yo lo animo a tomar también esta decisión. Pague el precio y sólo hágalo, nunca se preguntará si Dios cumple Sus promesas una vez que haya aprendido a obedecerlo con presteza y entusiasmo.

Le aconsejo que se aferre a la veracidad de esta promesa de Dios:

Cuando Dios hizo la promesa a Abraham, no pudiendo jurar por otro mayor, juró por sí mismo, diciendo: De cierto te bendeciré con abundancia y te multiplicaré grandemente. Y habiendo esperado con paciencia, alcanzó la promesa. Porque los hombres ciertamente juran por uno mayor que ellos, y para ellos el fin de toda controversia es el juramento para confirmación. Por lo cual, queriendo Dios mostrar más abundantemente a los herederos de la promesa la inmutabilidad de su consejo, interpuso juramento; para que por dos cosas inmutables,

en las cuales es imposible que Dios mienta, tengamos un fortísimo
consuelo los que hemos acudido para asirnos de la esperanza puesta
delante de nosotros. La cual tenemos como segura y firme ancla del
alma y que penetra hasta dentro del velo.
Hebreos 6:13-19

Cuando Dios hace una promete algo, está hecho. La perseverancia es la manera en la que recibimos el pacto de esa promesa para nuestras vidas. Atrévase a rendir su vida por completo a Dios, atrévase a perseverar y vea lo que traerá consigo la perseverancia. Manténgase firme, porque la promesa de Dios no cambia; es segura. La elección de recibir la promesa es suya, haga un compromiso para servirlo con entusiasmo sea cual sea el precio.

ENTRA

ESTE ANHELO EN MI INTERIOR
CLAMA A TI
TU ACEITE QUE CAMBIA LA TRISTEZA EN GOZO
ME EMPAPA, ME HACE NUEVO
Y YO IRÉ
A TU LUGAR SECRETO
DOBLARÉ MI RODILLA
ANTE TU GLORIOSO TRONO
ENTRA
A MI CORAZÓN, OH SEÑOR
ENTRA, TE NECESITO, ESPÍRITU SANTO
QUE EL FUEGO EN MI ALMA
CONSUMA TODO MI SER
JESÚS, TOMA EL CONTROL

1998 DARLENE ZSCHECH
HILLSONG PULBISHING

Capítulo cuatro

EL FERVOR
EMOCIONAL

EL FERVOR EMOCIONAL

A las personas creativas las impulsa una pasión por expresar sus sueños. Si usted ha sido bendecido con un don creativo, entonces sabe cómo el lado emocional de nuestra personalidad nos hace ser muy buenos en lo que hacemos, pero esa fuerza emocional también tiene la capacidad de jugar en nuestra contra. ¿Alguna vez se ha sentido enojado o confundido luego de haber expresado su creatividad y haberse decepcionado por el resultado de su trabajo? ¿Alguna vez ha acordado con entusiasmo cantar o tocar un instrumento en un evento especial para luego deprimirse porque sintió que las cosas no salieron tan bien como esperaba?

Quizás ha tenido la oportunidad de ver un sueño hecho realidad para luego darse cuenta de que esa realidad no cumple con lo que esperaba. Tal vez escuche una canción en su mente y no la pueda escribir, o tal vez se propuso una meta y cuando no la alcanzó en el momento en el que se había propuesto alcanzarla, se rindió, lo que ahora provoca que ese manantial de emociones en su interior se llene de ideas negativas. Creo que usted puede haber sentido algunas o todas estas emociones en algún momento, pues a mí me han afectado en muchas, muchas ocasiones. En vez de controlar mis emociones, por mucho tiempo dejé que ellas me controlaran.

Muchas veces he estado en esa depresión; quizás por una hora o un día, una semana o hasta un mes entero. La depresión emocional puede haber seguido por años a algunas de las personas que leen este libro, pero hasta *algunos minutos* son demasiado tiempo si esos pensamientos opresivos nos detienen. Cada vez que la depresión amenaza a mis emociones, pienso: *Tener estos pensamientos es tonto; no quiero ser esta persona. La negatividad y la depresión son una pérdida de tiempo y energía para una persona creativa. Sé que el que yo viva así no es el plan divino de Dios.*

Los músicos, escritores, pintores y bailarines se encuentran entre las personas creativas que a menudo reciben la etiqueta de temperamentales, centrados, intensos, apasionados, sentimentales, frágiles, raros y "en demasiado contacto con sus emociones". Con frecuencia las galerías de arte colocan anotaciones biográficas junto a los nombres de los artistas, que los describen como "artistas torturados". Es muy frecuente que las personas creativas viven atormentados y confundidos porque su lado emocional es la parte que puede traer profundidad a su expresión, pero las emociones también pueden evitar que alcancen grandes logros.

El salmo 88 expresa el lado depresivo de una persona creativa:

¿ALGUNA VEZ HA ACORDADO CON ENTUSIASMO CANTAR O TOCAR UN INSTRUMENTO EN UN EVENTO ESPECIAL PARA LUEGO DEPRIMIRSE PORQUE S INTIÓ QUE LAS COSAS NO SALIERON TAN BIEN COMO ESPERABA?

Oh Jehová, Dios de mi salvación, día y noche clamo delante de ti. Llegue mi oración a tu presencia; inclina tu oído a mi clamor.
Porque mi alma está hastiada de males, y mi vida cercana al Seol.
Soy contado entre los que descienden al sepulcro; soy como hombre sin fuerza, abandonado entre los muertos, como los pasados a espada que yacen en el sepulcro, de quienes no te acuerdas ya, y que fueron arrebatados de tu mano. Me has puesto en el hoyo profundo, en tinieblas, en lugares profundos. Sobre mí reposa tu ira, y me has afligido con todas tus ondas. Selah
Has alejado de mí mis conocidos; me has puesto por abominación a ellos; encerrado estoy, y no puedo salir. Mis ojos enfermaron a causa de mi aflicción; te he llamado, oh Jehová, cada día; he extendido a ti mis

manos. ¿Manifestarás tus maravillas a los muertos? ¿Se levantarán los
muertos para alabarte? Selah
¿Será contada en el sepulcro tu misericordia, O tu verdad en el Abadón?
¿Serán reconocidas en las tinieblas tus maravillas, y tu justicia en la
tierra del olvido? Mas yo a ti he clamado, oh Jehová, y de mañana mi
oración se presentará delante de ti. ¿Por qué, oh Jehová, desechas mi
alma? ¿Por qué escondes de mí tu rostro? Yo estoy afligido y
menesteroso; Desde la juventud he llevado tus terrores, he estado
medroso. Sobre mí han pasado tus iras, y me oprimen tus terrores.
Me han rodeado como aguas continuamente; a una me han cercado.
Has alejado de mí al amigo y al compañero, y a mis conocidos
has puesto en tinieblas.

¿Alguna vez ha tenido un día como el que se describe, cuando la tristeza y la desesperación se suceden entre sí?

En lo personal, me gusta mucho Salmos 89:1 que dice: "Las misericordias de Jehová cantaré perpetuamente", es obvio que nuestro compositor creativo se sentía mucho mejor cuando escribió este salmo.

Cuando una persona creativa con un temperamento artístico no cede al Espíritu Santo y al Señorío de Cristo, el salmo 88 es una imagen acertada de cómo podría ver la vida. Las personas creativas pueden tener tendencias a aislarse y llenarse de autocompasión, pero "Dios hace habitar en familia a los desamparados", (Salmos 68:6) porque dijo que no es bueno que estemos solos. Cuando nos rendimos a Él, nos acerca a los demás para que podamos darnos ánimo los unos a los otros y podamos cantar juntos de la grandeza y el amor del Señor.

MUCHAS VECES LA PASIÓN SE LIBERA A TRAVÉS DEL ENOJO Y OTRAS EMOCIONES NEGATIVAS Y NO EN GRANDES CREACIONES.

Tiempo para estar solos es una necesidad válida para la mayoría de las personas creativas. A más del noventa por ciento de las personas creativas que conozco, les gusta la soledad. Disfrutan del tiempo en que pueden estar solos para pensar y crear, para escribir, jugar, soñar, imaginar y expresarse de manera artística; pero cuando el deseo de estar solos se vuelve egoísta, se convierte en algo muy destructivo. La soledad es estupenda cuando está de acuerdo a las pautas del Señor, quien se retiraba a un lugar solitario antes de ministrar a las multitudes. La soledad no se debe usar para esconder nuestros dones, sino para volver a llenarnos para ministrar a otros al ceder ante Jesucristo.

Cuando Miguel Ángel tenía veintidós años, le escribió a su padre y dijo: "No te sorprendas si en ocasiones he escrito cartas iracundas, pues a menudo sufro de grandes angustias en la mente y el temperamento." Aun siendo joven, era brillante e intenso y lo que en esencia estaba diciendo era: "No te preocupes por mí, papá. Estas emociones están dentro de mí y simplemente no sé que hacer con ellas".

Con frecuencia, la pasión se libera a través del enojo y otras emociones negativas, en vez de en grandes creaciones. Van Gogh era un maníaco-depresivo que llegó al suicidio a la edad de treinta y siete años. Demasiada soledad lo hizo incapaz de lidiar con la vida. Es trágico que el otro lado de la balanza en las grandes obras de una persona creativa sea una gran desesperación. Creo que es por ello que es común malentender a las personas de este tipo. Lo que no todos saben es que las emociones se pueden controlar y dirigir hacia el propósito de Cristo, en vez de dirigirlo hacia el interior y nunca rendirlo al poder redentor de Jesús.

Todos estamos hechos para ser creativos a imagen de nuestro Señor. Aun siendo cristianos creativos, saludables, amantes de la Palabra, seguimos experimentando una vasta cantidad de emociones. El objetivo es no dejar que nuestros sentimientos nos dominen sino someterlos al Señor. Al rendir nuestros pensamientos negativos al Señor, Él nos da Su Palabra, que es positiva. Podemos decir en verdad: "El gozo de Jehová es vuestra fuerza" (Nehemías 8:10).

No me deprimo con facilidad; por lo general soy una persona entusiasta, incluso antes de ser salva era una persona alegre, pero ya que soy una persona creativa, nunca supe qué hacer con las emociones de melancolía que a veces me abrumaban. Siempre podía escribir canciones y letras, pero cada vez que pasaba demasiado tiempo sola, mi trabajo se volvía muy, muy sombrío; jamás supe qué hacer al respecto.

Cuando acepté a Cristo, Él puso una perspectiva nueva y emocionante a mi visión del mundo. Jesús trajo entusiasmo y vida a mis momentos de creación. La música que escribía antes de dar mi vida a Dios no había podido darme una sensación de propósito. El éxito que había logrado no había satisfecho en mí una sensación de destino; el dinero que había ganado no me había hecho sentir realizada. Ninguna de esas recompensas puede poner el gozo que da vida en nuestra visión del mundo. Solo cuando usamos nuestros dones para levantar el nombre de Cristo es cuando podemos satisfacer realmente nuestros impulsos creativos. Cuando comencé a ver al mundo desde la perspectiva de Jesús, pude superar mis emociones internas y sentir su pasión por los demás.

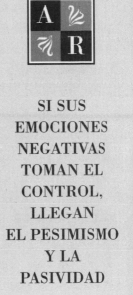

SI SUS EMOCIONES NEGATIVAS TOMAN EL CONTROL, LLEGAN EL PESIMISMO Y LA PASIVIDAD

Por un tiempo tuve que dejar la música cuando recién fui salva, ya que no estaba segura de cómo usar mis dones creativos para Él. Mi estructura emocional interna intentaba resolverlo todo, pero ¿cómo podría cantar ahora bajo el señorío de Cristo cuando siempre se me había permitido deleitarme en mi interior? Cuando al fin aprendí a trabajar de manera creativa bajo el señorío de Cristo, lo pude escuchar llamarme de regreso a Su camino. Cuando la desesperación comenzaba a hacer sus insinuaciones destructivas, Él decía en mi corazón :"No, no te dejes llevar por eso. Esas emociones se inclinarán ante mi señorío".

Si sus emociones negativas toman el control, llegan el pesimismo y la pasividad. Para combatir esos momentos sombríos en la vida, pida al Señor que reine sobre sus impulsos creativos, que reine sobre su deseo de atención. Con frecuencia las personas con este don sienten que es una necesidad que deben satisfacer. Yo no era negativa pero sentía la necesidad de atención.

En ocasiones, si no obtienen atención por medio de sus dones, las personas creativas intentan ganar seguridad al decirle a todos lo poco talentosos que son –¡y esperan con desesperación que alguien los contradiga! Esta es humildad falsa, una forma de orgullo que dice a los demás "¡ámame porque soy talentoso!", cuando la verdadera humildad diría: "déjame usar mi don para mostrarte cuánto te ama Cristo".

Es común que las personas se vuelvan cínicas cuando sus emociones negativas los dominan. Con el tiempo comienzan a ver el lado malo de *todo*. Un día, leía las sugerencias que hicieron los miembros de la iglesia Hillsong Church luego de una conferencia. En verdad quería saber qué era lo que las personas pensaban que era bueno, qué conferencias eran útiles y cuáles no lo eran. Habíamos trabajado duro para asegurarnos de que nuestras conferencias tenían un alto nivel, así que definitivamente quería saber si había cosas que pudiéramos mejorar. Noventa y nueve de cien decían cosas positivas así que cuando encontré una negativa, la noté en especial.

UNO DE LOS PEORES EFECTOS DE DEJARNOS DOMINAR POR NUESTRAS EMOCIONES NEGATIVAS ES QUE NOS HACEN SENTIR APARTADOS DE DIOS

¡Un hombre en la conferencia debió haber tenido el peor día de toda su vida! En una escala del uno al diez, donde el diez es lo máximo y el uno es algo impactante, este hombre escribió unos en toda la forma; ¡acerca de todo! Hasta criticó a los conferencistas invitados del extranjero y sugirió que todos entraran a un avión y regresaran a casa. Luego de leerla, sin poder creerla, comencé a sentir compasión por esta persona. Para el momento en que terminé de leer esa forma, honestamente quería sentarme con él y preguntarle "¿Cómo está? ¿Qué ocurre en su mundo?" No porque él fuera tan crítico, sino porque en realidad quería mejorar.

Pero no basó ninguna de sus críticas específicamente en lo que habíamos hecho mal; todo lo que escribió estaba basado en su propio caos emocional, que nublaba todo el mundo para él. Esta persona era alguien con facultades creativas y era tan obvio que era un artista frustrado que no sabía que más hacer. En vez de lidiar con su estado emocional, pensó que debería desahogar su falta de satisfacción en todo lo que le rodeaba para hacerse sentir mejor. ¡Que terrible forma de vivir!

Uno de los peores efectos de dejarnos dominar por nuestras emociones negativas es que nos hacen sentir apartados de Dios. Si las cosas van bien, tendemos a pensar que le agradamos a Dios, pero cuando las cosas van mal creemos que Dios está enfadado con nosotros. No debemos depender de nuestras emociones, nuestros pensamientos creativos necesitan estar llenos de la verdad en la Palabra de Dios para mantenernos siendo fuertes, edificados y productivos.

Proverbios 25:28 dice: "Como ciudad derribada y sin muro es el hombre cuyo espíritu no tiene rienda". No tenemos las riendas de nuestros estados emocionales, somos como una ciudad desprotegida, vulnerable a los ataques y sujeta al caos. Dios quiere que seamos personas creativas que caminen con fuerza y seguridad.

A mi esposo Mark le encanta comprar libros antiguos. Encontró uno para mí llamado *Master Musicians: Stories of Romantic Lives (Músicos maestros: historias de vidas románticas)*. Es asombroso leer las historias de Bach, Schubert, Mozart y Beethoven. Hubo un par de excepciones, pero la mayoría de estos increíbles músicos tenían vidas emocionales caóticas. Se volvían locos a ellos mismos; ¡y también a todos quienes los rodeaban!

Al leer este hermoso libro, pensé: *Señor Jesús, vivimos en una época en la que los adoradores debemos ser fuertes. Debemos levantarnos para ser el heraldo de Dios en la tierra. Debemos hacer lo que fuimos llamados a hacer. Necesitamos proclamar las Buenas Nuevas del Evangelio, para adorarte y alabarte. No solo podemos volvernos "Historias de vidas románticas". Debemos ser testimonios vivientes de la grandeza de Dios.* Eso es a lo que debemos aspirar. Cuando rendimos la parte emocional de nuestras vidas al Señor, somos capaces de permanecer fuertes para Él.

En este momento tengo el privilegio de ser líder sobre los músicos y cantantes en la iglesia Hillsong, pero si no contuviera mi parte emocional, algunas veces no podría liderar a los demás de una manera efectiva. Me he dado cuenta de que el lado suave de ser músico y el lado fuerte de ser un líder a menudo funcionan en direcciones contradictorias. Por un lado, quiero ser cariñosa; y por el otro, tengo que corregir los errores. Quiero ser compasiva y encantadora todo el tiempo, pero un líder debe ser lo suficientemente fuerte para levantar a las personas y llevarlos al lugar que tienen destinado en la vida. No es apropiado que un líder hable acerca del desastre que es su vida. Los líderes deben quitar sus ojos de sí mismos para inspirar a otros a levantarse y caminar con el Señor. He aprendido algunas claves prácticas para controlar mis emociones y que serían útiles para todos los quie busquen tener control de sus emociones.

NECESITA DECIDIR ESTAR GOZOSO Y CONTENTO SIN IMPORTAR LAS CIRCUNSTANCIAS QUE LO RODEEN

Viva en la verdad

La primera clave para controlar las emociones negativas es pedir a Dios que nos dé oídos sensibles a la verdad de Dios. A menudo el corazón creativo se siente atraído hacia los relatos fatalistas. Si nadie les dice: "Está bien, pongamos atención a lo que dice el Señor", se quedarán atrapados en el pesimismo y la desesperación. Si ha tenido las tendencias de un corazón melancólico, ore a Dios con el salmo de David que dice: "Hazme oír gozo y alegría", (Salmos 51:8). Esta oración lo cambiará, porque Dios contesta las oraciones acordes con Su Palabra.

Necesita decidir estar gozoso y contento sin importar las circunstancias que lo rodeen. Discipline su mente para vivir en la verdad. Una Escritura que me ha ayudado a lograr una autoestima saludable y mantener el control sobre mis emociones está en Salmos 139:5-6, 13-16, 23-24:

Detrás y delante me rodeaste, y sobre mí pusiste tu mano.
Tal conocimiento es demasiado maravilloso para mí; alto es,
no lo puedo comprender (...) Porque tú formaste mis entrañas;
tú me hiciste en el vientre de mi madre. Te alabaré; porque formidables,
maravillosas son tus obras; estoy maravillado, y mi alma lo sabe muy
bien. No fue encubierto de ti mi cuerpo, bien que en oculto fui formado,
y entretejido en lo más profundo de la tierra. Mi embrión vieron tus ojos,
y en tu libro estaban escritas todas aquellas cosas que fueron luego
formadas, sin faltar una de ellas (...) Examíname, oh Dios, y conoce
mi corazón; pruébame y conoce mis pensamientos; y ve si hay en mí
camino de perversidad, y guíame en el camino eterno.

Cuando me siento tentada a perder el control de mis emociones, oro: *Señor, dirígeme; porque sabes que tiendo a ir hacia lo melancólico. Enséñame cómo ir hacia lo que es grande, enséñame a ser fuerte. Enséñame, Dios, cómo rendirte mis emociones y vivir en tu verdad.*

DESARROLLE SU VIDA SECRETA DE ADORACIÓN

C.S. Lewis describe la adoración como "la salud interna hecha audible". Adorar a Dios establece nuestra salud interna y nuestro estado emocional, a la luz de quién es Dios. Con mucha frecuencia establecemos nuestras emociones a la luz de quiénes son otras personas. Podemos desanimarnos si nos comparamos con los demás. En vez de mirar a otras personas, debemos mirar a Dios al adorarlo. Pasar tiempo a solas con Él nos hará conocer Su gran amor hacia nosotros y nos ayudará a vernos como Dios nos ve. La adoración restaura nuestra salud interior.

La alabanza es la experiencia más desinteresada de la que es capaz nuestra naturaleza, pues aleja nuestros ojos de nuestra debilidad y los centra en el poder de Dios. Adore a Dios cuando se sienta débil, adore a Dios cuando se sienta vulnerable. Cuando en su tiempo de soledad su creatividad se vuelva sombría. Alabe a Dios cuando esté enfadado, decepcionado o cuando haya inestabilidad en sus emociones; hágalo y vea lo rápido que se restaura su salud interna.

C.S. LEWIS DESCRIBE LA ADORACIÓN COMO "LA SALUD INTERNA HECHA AUDIBLE"

Tenga sentido del humor

Los programas de videos caseros graciosos en la televisión nos hacen reír cuando vemos a alguien caer del escenario en el momento en que tratan de cantar o actuar con seriedad. Es fácil reconocer que necesitan de sentido del humor para poder pasar un momento tan vergonzoso. Todos hemos hecho algo vergonzoso, pero cuando estamos en el centro del escenario, olvidamos con rapidez el ver lo gracioso de ello. La mayoría de nuestras fallas no se acercan a ser tan espectaculares como las que vemos en la televisión pero las personas creativas tendemos a torturarnos por semanas con el mínimo error.

En ocasiones, solo necesitamos tener sentido del humor, porque todos cometen errores. Los grandes artistas cometen errores; y son grandes porque aprenden de ellos. Si es posible, es bueno cometer errores cuando estamos solos, pero por lo general las cosas no funcionan de esa manera ¡desgraciadamente la mayoría de nuestros errores serán *muy* públicos!

Mejor deje de castigarse por sus errores, los recordará por mucho más tiempo que nadie más. Tomarse demasiado en serio destruirá su creatividad y su gozo. Ríase con gusto de usted mismo, Eclesiastés 7:16 dice: "No seas demasiado justo, ni seas sabio con exceso; ¿por qué habrás de destruirte?"

La Palabra dice, en esencia: "No vayas demasiado lejos por ese camino, ni vayas demasiado lejos por el otro, porque te destruirá". Proverbios 17:22 dice: "El corazón alegre constituye buen remedio; mas el espíritu triste seca los huesos".

Todos necesitamos tener un buen sentido del humor. Nunca olvidaré la ocasión en que estábamos grabando un álbum en video y estábamos en medio de un servicio de adoración, yo estaba cantando, pero podía ver a la jefa del escenario hacerme señas con las manos y diciéndome que me detuviera. Pensé: *¿Detenerme? ¡Estamos en medio de la adoración!*

Pero ella continuaba haciendo señas, hasta que me dijo: "¡Mark dice que te detengas!". Pensé: *Si Mark quiere que me detenga, me detendré, después de todo ¡es mi esposo!*

Así que pregunté cuál era el problema; esperaba que fuera alguna clase de problema técnico y que deberíamos volver a comenzar la canción. Para entonces, la congregación esperaba y se preguntaba qué era lo que ocurría.

No pude creer la respuesta de la jefa del escenario: "Tenemos que arreglar tu cabello". Me avergoncé mucho. Para suavizar la situación, le pedimos a toda la iglesia que se tomara un momento para arreglar su cabello. Todos se rieron y estuve agradecida de que tuvieran un buen sentido del humor.

Rodéese de las personas indicadas

INTENTE COLOCARSE EN UN AMBIENTE EN EL CUAL PUEDA REÍR Y SENTIRSE APOYADO POR OTRAS PERSONAS

Intente colocarse en un ambiente en el cual pueda reír y sentirse apoyado por otras personas. Rodéese de personas que no toleren sus días melancólicos o malhumorados sino que lo levanten y ayuden a ver el lado brillante de la vida. Es por ello que Jesús fue tan bueno como para darnos a la familia de la iglesia. ¿Se puede imaginar ser recién salvo y estar completamente solo?

Necesitamos a la iglesia; necesitamos el equilibrio de la familia, del equipo. Nos necesitamos los unos a los otros. Necesitamos estar en este ambiente que nos hace ser creyentes fuertes. El ambiente de fe nos hace ser quienes somos en Cristo y nos permite crecer. Necesitamos estar en un ambiente en el que escuchemos la Palabra de Dios y pueda crecer en nosotros, para volvernos fuertes; y nunca más estar dominados por nuestras emociones.

Cuando aún cantaba profesionalmente en el entorno secular, a menudo participaba en situaciones donde había personas brillantes y creativas, pero que no eran cristianos. La primera hora todos trabajaban duro y estaban bien en el aspecto emocional. Pero luego de unas horas, las relaciones de trabajo se volvían cada vez más tensas, porque esas personas carecían de la profundidad de la perspectiva "tridimensional" de Dios en su vida y su trabajo, solo tenían una perspectiva bidimensional y si su desempeño no cubría sus expectativas, lo descargaban todo en contra de sí mismos y de todos los que los rodearan. Lo importante no es qué comportamiento en público tengan, sino que le suceda lo mismo que ocurre a los artistas, que están solos con pensamientos que los condenan y no tienen a un salvador que redima su mundo.

Es importante colocarnos cerca de personas que puedan ayudarnos, retarnos y animarnos. Me encanta el estilo honesto de liderazgo que tiene el pastor Brian Houston de la iglesia Hillsong. Si cometemos un error, el pastor no dice: "Oh, amigo, entiendo que lo intentaste, sé que invertiste tiempo en esto, así que oremos al respecto". No, es más probable que el pastor Brian diga: "¿Qué fue eso? ¡Estuvo horrible, no lo hagas de nuevo!" La verdad es directa y no tiene que ver con problemas o propósitos personales. Es claro que piensa que eres la misma persona increíble, pero dice llanamente: "Definitivamente, hagamos las cosas de una manera diferente la próxima vez". A una persona sentimental puede parecerle difícil al principio adaptarse a esta clase de liderazgo, porque es demasiado directo, pero a largo plazo, su franqueza es increíble, es un estilo fantástico de liderazgo para personas valientes y creativas.

Si no quiere experimentar un reto y no le importa estar por debajo de la excelencia, entonces no busque líderes fuertes. Estoy agradecida con el liderazgo fuerte, porque sé cómo soy sin él; y eso no es nada bueno. Sé que estar con mi esposo, un hombre fuerte, ha sido lo mejor para mí y estar rodeada de líderes y amigos fuertes quienes pueden reír conmigo ha sido un refugio.

Aprenda a manejar la decepción

Usted puede sentir que el liderazgo de su iglesia lo pasa por alto, o si usted es un músico, puede sentirse insatisfecho, pero el problema no es de la iglesia. Dios nos ha dado a todos las llaves para resolver nuestros problemas de descontento. He aprendido que si tengo la actitud correcta, todas mis ambiciones musicales pueden satisfacerse en la iglesia en la que estoy. El sentirme realizada no viene de que nuestras grabaciones de adoración sean exitosas. Aprendí hace muchos años que la satisfacción es una condición del corazón. El sentirnos satisfechos por la vida debe venir de nuestro propio corazón, no de un aplauso, aprobación o permiso de alguien más.

La mayoría de quienes no tienen un salvador, quienes están fuera del pacto de Cristo, corren por la vida sin importarles quién caiga en su camino. Su actitud es egoísta, porque con Dios, todo es exactamente lo opuesto.

La satisfacción llega al adorarlo y no de hacer que los demás nos adoren.

EL SENTIRNOS SATISFECHOS POR LA VIDA DEBE VENIR DE NUESTRO PROPIO CORAZÓN, NO DE UN APLAUSO, LA APROBACIÓN O EL PERMISO DE ALGUIEN MÁS

Es placentero usar todos nuestros dones creativos para glorificar Su nombre, no el nuestro. La gratificación no viene de hacer la canción más popular de la semana, sino de comprender el hecho de que nuestro don de creatividad está siendo usado para algo que tendrá una importancia eterna. Si entendemos esto, aprenderemos a ser fuertes, a mantener un espíritu libre y crecer en la fe, amor, paciencia y satisfacción.

El mejor lugar para usar nuestros dones y animar a las personas es la iglesia, ese es un verdadero acto de adoración. Pero he visto personas sentirse infelices después de poco tiempo de servir con el equipo en la iglesia, se van llenos de descontento y decepción, sus emociones los motivan por el camino equivocado, así que renuncian. Pueden irse por una temporada y luego regresar para intentarlo de nuevo. Cuando todo se vuelve muy difícil, repiten el ciclo de escape, y sus sueños sin realizar continúan. Parecen no poder vencer el descontento, el no sentirse entendidos y sentirse "usados" por la iglesia. Pueden haber orado: "Dios, úsame", pero tan pronto como Él lo hace, se quejan de sentirse usados.

LA SATISFACCIÓN LLEGA AL ADORARLO Y NO DE HACER QUE LOS DEMÁS NOS ADOREN

No se queje si Dios responde su oración y lo usa. Todo lo que haga, hágalo para Él, de modo que su placer venga de saber que Él ve nuestro acto de servicio; esto ayuda a manejar la decepción de sentirse poco apreciado por los demás. Rinda su deseo de llamar la atención y rinda sus dones creativos en servicio al Señor. Una vez que los deje ir, y muera a la necesidad de "satisfacción", se sentirá complacido.

Usted terminará sintiéndose frustrado o decepcionado si no le pide a Dios: *Dios, sé que todos estos años he dicho: "Por favor, úsame", pero en realidad tenía mis propias intenciones detrás de esa petición. Quería que los demás me notaran. Pero esta vez, Señor, lo digo de corazón: sea lo que sea, necesario para edificar tu reino, úsame para tu gloria y no para la mía.* Los caminos de Dios son más altos que los nuestros.

A veces necesitamos contener nuestras palabras y decir: "No confesaré más esta opinión negativa. No hablaré más de esta forma. Alabaré a Dios y viviré en las grandes obras que hace. Lo dejaré obrar en mí y a través de mí." Necesitamos aprender a no querer intervenir en los planes de Dios y alejarnos de la decepción, para poder ser fuertes y efectivos en la casa de Dios.

Si no controlamos nuestras emociones, siempre nos sentiremos decepcionados de nosotros mismos y nunca llegaremos a nuestro destino. Si son nuestras emociones las que nos impulsan, correremos en círculos, sin llegar nunca hacia nuestras metas. Aprenda a edificar su vida en algo más fuerte que sus emociones. Acepte el desafío de controlar sus emociones en vez de dejar que ellas lo controlen a usted. Aprenda a sentirse satisfecho con poco y aprenda a estar satisfecho con mucho, así se volverá más fuerte en sus emociones.

No se convierta en un maestro músico cuya vida sea descrita en un libro como la vida trágica de un genio torturado. Tenemos la promesa de Jesús que dice que no tenemos por qué vivir de esa forma; alabe al señor al sentirse satisfecho.

EL COMPROMISO DE EDIFICAR A OTROS NOS LLEVA A LA VERDADERA SATISFACCIÓN

En ocasiones, cuando he tenido dificultades para levantarme de la "tierra de la melancolía" y sé que el enemigo está tratando de robarse mis sueños, he tenido que levantarme y gritar hasta que la melancolía desaparece, diciendo: "No me controlarás yo te controlaré".

Entonces la parte melancólica de mi temperamento me ayuda a expresar lo profundo de mis emociones y verterlas en una canción de alabanza. He aprendido a no dejar que mi temperamento gobierne mis emociones. Cuando me siento abrumada, ¡clamo al Señor! Entierro esas sensaciones de melancolía con un clamor, y declaro que ellas se inclinarán ante el Nombre de Jesús. Conozca el poder de controlar sus emociones, para que su fervor emocional pueda levantarse en espíritu y en verdad, como un adorador sin reservas.

SEÑOR, ME ENTREGO

SEÑOR, ME ENTREGO
CONFÍO EN TI, DIOS PODEROSO
MI SALVADOR
Y TU MISERICORDIA Y AMOR
SOBREABUNDAN Y MI ALMA SE REGOCIJA
SEÑOR, MUÉSTRAME TUS CAMINOS
GUÍA MIS PASOS
LLÉVAME A TU JUSTICIA
Y LA LUZ DE TU AMOR
SE LLEVA MI TEMOR
PORQUE SÉ QUE CAMINAS DELANTE DE MÍ
OH, MI PASTOR
ME DEJAS DESCANSAR EN TUS BRAZOS,
ME CONSUELAS
Y A DONDE SEA QUE VAYA
NO ESTOY SOLA, DIOS PODEROSO,
SÉ QUE ESTÁS CONMIGO

1994 DARLENE ZSCHECH
HILLSONG PUBLISHING

Capítulo cinco

SUEÑOS
REFINADOS

SUEÑOS REFINADOS

Cercano está Jehová a todos los que le invocan, a todos los que le
invocan de veras. Cumplirá el deseo de los que le temen;
oirá asimismo el clamor de ellos, y los salvará.
Salmos 145:18-19

Adorar a Dios provoca que nuestros deseos más profundos se vuelvan realidad. Salmos 37:4 dice: "Deléitate asimismo en Jehová, y él te concederá las peticiones de tu corazón". Mientras nos *deleitemos* en el Señor (lo que está en el corazón de un adorador), Él será fiel a Su promesa. De hecho, la Palabra dice claramente que "Jehová esperará para tener piedad de vosotros, y por tanto, será exaltado teniendo de vosotros misericordia; porque Jehová es Dios justo; bienaventurados todos los que confían en él", (Isaías 30:18). Dios *espera* mostrarnos su compasión y su gracia.

ADORAR A DIOS PROVOCA QUE NUESTROS DESEOS MÁS PROFUNDOS SE VUELVAN REALIDAD

El deseo es una fuerza muy poderosa en nuestras vidas y Dios lo puso en nuestros corazones para que persiguiéramos nuestros sueños. El deseo dirige nuestras vidas y nos impulsa hacia nuestro destino dado por Dios. Efesios 1:11-12 dice: "En él asimismo tuvimos herencia, habiendo sido predestinados conforme al propósito del que hace todas las cosas según el designio de su voluntad, a fin de que seamos para alabanza de su gloria, nosotros los que primeramente esperábamos en Cristo".

¿Sabe a lo que ha sido predestinado? ¿El deseo en su interior ha sido definido? ¿Ha permitido que ese deseo respire, que encuentre la vida que necesita para realizarse? Muchas personas luchan por descubrir para qué vinieron al mundo y algunas veces hacen de ello algo demasiado complicado. Dios no hace difícil nuestro llamado, nosotros lo hacemos.

Pregúntese lo siguiente: *¿En qué tengo talento? ¿Qué me gusta hacer? ¿Este deseo es acorde con la Palabra de Dios? ¿Es eso para mi vida? ¿El propósito de mi deseo edificará el reino de Dios?*

Por muchos años al comienzo de mi vida cristiana, intenté reprimir el deseo en mi interior de involucrarme con la música, en la alabanza. Me encantaba tocar, cantar y componer música, pero pensé que quizás me gustaba demasiado. Luchaba al pensar si tenía o no el carácter necesario para decir no a la ambición personal y para buscar crear algo mucho más grande de lo que pudiera entender: el Reino de Dios.

DIOS ES QUIEN DA Y CUMPLE LOS SUEÑOS

Hasta que aprendí a deleitarme en Él mi deseo por la música permanecía, pero yo esperaba una oportunidad sin una dirección clara. Semana tras semana, mes tras mes, aprendí a confiar en Dios; no en el hombre ni en programas, sino en Dios, el creador del cielo y la tierra. Él me corregía con amor, me ministraba con fidelidad y me guiaba con delicadeza al camino de Su propósito para mí; descubrí que en verdad Él tenía mi corazón. Quería adorarlo con todo lo que estaba en mi interior.

Con ese entendimiento, he visto la mano de Dios influir directamente en mi vida; esto ha ocurrido en muchas más maneras que en una simple oportunidad musical. Ha tomado la forma de confianza, unción, talento, habilidad y nuevas alas, para alcanzar mis sueños y deseos; pero he necesitado diligencia, disciplina y aceptar Su gracia.

Dios es quien da y cumple los sueños. Él nos dio Su sueño para que nos despertáramos por la mañana, nos lo dio para pasar por encima de las montañas y surcar los valles. El enemigo es un ladrón de sueños y sé que muchas personas sienten que parte de su sueño fue robado. Vivir sin un sueño es vivir sin futuro; "Sin profecía el pueblo se desenfrena" (Proverbios 29:18). Dios quiere restaurar su sueño.

En una ocasión escuché a Tommy Barnett decir: "Si tu sueño es demasiado grande, debe venir de Dios." Si su sueño no es demasiado para usted ¡entonces no necesita a Dios para realizarlo! Si su sueño es enorme y cree que de ninguna manera podría ser para usted, le garantizo que es un sueño de Dios. El Espíritu Santo quiere animar sus sueños. Quizás tenga sueños que los acontecimientos de la vida han cubierto y que los mantienen hacinados en la pila de las cosas imposibles. Pero Dios los descubrirá y le permitirá soñar de nuevo al adorarlo.

UN SUEÑO DADO A LUZ

En este momento creo que nací para traer una nueva canción a la casa de Dios. No lo creía al principio; era solo un sueño, pero en ocasiones alcanzo a ver en mi interior que mi sueño se vuelve realidad. Cuando tenía quince años, cuando me volví cristiana gracias al programa juvenil de los *Royal Rangers*, se sembró la semilla del sueño en mi corazón. Todavía recuerdo con claridad cuando fui a la iglesia después de tomar esa decisión. Recuerdo la canción que escuché esa noche: "Escucho el sonido del ejército del Señor; escucho el sonido del ejército del Señor; es el sonido de la alabanza y de la guerra; el ejército de Dios está marchando".

La cantaron, la cantaron y la volvieron a cantar. Vi que las Escrituras cobraban vida mientras la congregación se reunía en el nombre de Jesús y cantaban a una voz. Con mis oídos jóvenes, escuché algo nuevo esa noche. Mis oídos estaban acostumbrados a la música, pero escuché el sonido del ejército de Dios que se elevaba.

Desde ese día se plantó en mí la semilla de un sueño. La razón de mi vida se plantó en ese momento y desde entonces hasta ahora he descubierto la verdad de las palabras que se le dijeron a la reina Ester: "¿Y quién sabe si para esta hora has llegado al reino?", (Ester 4:14).

No sé que edad tenía usted cuando se plantó la semilla de su sueño, pero tengo confianza en que Dios la plantó en su interior. De otra forma no estaría leyendo este libro. Hubo un momento en el cual se plantó la semilla en su interior, pero quizás, en algún punto de ese tiempo, el sueño fue enterrado. Estoy tan agradecida por el Espíritu Santo, quien me ha hecho regresar continuamente al sueño que colocó dentro de mí. Con delicadeza llama: "No, no, no. Regresa, deja de seguir tus propios objetivos, regresa y déjame avivar ese sueño, porque naciste con ese propósito".

Lo escuché llamar a mi espíritu; pero no escuché su voz con los oídos. ¿Recuerda cuando lo escuchó por primera vez? ¿Cuando escuchó por primera vez el sonido de la adoración? No lo escuchó con sus oídos; lo escuchó con su espíritu. Lo escuchó en lo más profundo de su ser, esa parte que solo Dios puede llenar. Años después escucho una canción similar a la del ejército de Dios, que se eleva sobre todas las naciones, tribus y lenguas. Dios restaura la canción del Señor y la lleva al lugar que le corresponde. Llama a los músicos, les dice: "Vengan y tomen su lugar "; llama a quienes cantan: "Vengan y canten mi canción; vengan a hacer aquello para lo que fueron llamados". Nos llama a todos a la adoración: "Vengan y dejen que viva el sueño que yo sembré en ustedes".

He escrito mi sueño y lo único que hace es seguir creciendo. Es algo fantástico hacer esto: "Escribe la visión, y declárala en tablas, para que corra el que leyere en ella", (Habacuc 2:2). No hablo de mi sueño, hablo del suyo, escribir mi sueño no le ayudará en lo absoluto, pero sí le ayudará escribir el suyo.

Algo que escribí como parte de mi sueño, es que tendré un papel importante en cambiar, no solo el rostro sino el corazón, de todo adorador en todas las iglesias del planeta. Que tendré un papel importante en capacitar a los mejores grupos de alabanza que haya habido, que además tengan a los mejores compositores que jamás hayan ofrecido una canción al cielo. Quiero entrenar grupos de alabanza con una revelación del poder de la alabanza y la adoración. Mi sueño es que el ejército de adoradores de Dios no luche más con el llamado de Dios en sus vidas sino que se mantengan fuertes en Su propósito. Quiero tener un papel importante en cambiar corazones, en dirigir a las personas hacia Cristo con toda acción que realicen, cada vez que respiren. Esa es solo una pequeña parte de mi sueño.

Antes de rendir mi don para la gloria de Dios, cantaba en muchos lugares y en muchos proyectos de los que no estoy orgullosa. Esas oportunidades me dejaron vacía e insatisfecha. Ganaba bastante dinero, pero no estaba contenta, porque Dios había sembrado en mí un sueño mayor, me colocó en esta tierra para ser una adoradora del Rey de reyes. No condeno a quienes usan sus dones en otros lugares, lo que ocurría es que en el fondo yo sabía que no estaba cumpliendo con mi destino. A mí me gusta toda clase de músicas, pero la música que no tiene un propósito para el reino me deja vacía, porque quiero usar mi vida para exaltar el nombre de Cristo y para llevar personas al maravilloso amor de Dios.

LA FAMILIA QUE TENEMOS EN LA IGLESIA EN LA CUAL DIOS NOS COLOCA ES UN NOMBRAMIENTO DIVINO

Dios es quien cumple los sueños, pero yo tuve que hacer una parte. Tuve que tomar buenas decisiones; cada vez que lo hacía, Dios me permitía ver una pequeña parte de mi sueño. Había muchas personas que me reprendían cuando tomaba malas decisiones. Le digo esto porque quiero que usted consiga ver su sueño dado a luz.

Lo mejor que tengo en la vida, además de Jesús y mi familia, es el grupo de alabanza y nuestra familia en la iglesia. La familia que tenemos en la iglesia en la cual Dios nos coloca es un nombramiento divino. Cuando Mark y yo comenzamos a ir a la iglesia Hillsong Church, yo no era nada flexible, intenté entrar al grupo de alabanza con mis propias condiciones. Finalmente, simplemente me aparté del grupo porque todo fue muy difícil.

Para comprometerse con un grupo es necesario que renunciemos a nosotros mismos, y yo me resistía. Hice toda clase de cosas *con* el equipo, hice una función espectacular de Navidad y cualquier cosa para la que me necesitaran; pero en realidad, no estaba comprometida a ser un miembro del equipo. A la vez, Dios sabía que para que yo pudiera ver mi sueño realizado, el sueño que Dios había puesto en mi corazón, debía morir a todas las ambiciones egoístas. Tuve que hacer eso continuamente para poder ser parte del grupo de alabanza que haría surgir mi sueño.

Yo amo a nuestro grupo de alabanza. No parece haber cambiado, pero es seguro que ha crecido. Luego de años de haber estado juntos, el mismo núcleo de personas sigue ahí. Solo hemos perdido a algunos miembros que han sido llamados a otras áreas del ministerio con el paso de los años, lo cual me parece estupendo. Ese es un testimonio de la grandeza de Dios y de cómo Su disciplina, es un beneficio para nuestras vidas que nos ayudará a ver cumplido el sueño que nos dio. Usted puede ver que su sueño se convierta en una realidad, al ser parte de un grupo. En la vida, en un equipo, la familia de nuestra iglesia es muy importante.

Porque yo sé los pensamientos que tengo acerca de vosotros,
dice Jehová, pensamientos de paz, y no de mal,
para daros el fin que esperáis
Jeremías 29:11

En el equipo de alabanza tenemos una oración que hacemos para todas las personas a quienes vemos; personas en diferentes partes del mundo, gente que nunca hemos visto, y personas a quienes nunca volveremos a ver, quienes vinieron a una de las noches de alabanza en la iglesia Hillsong. Es una oración que hicimos por primera vez en una hermosa iglesia en los Estados Unidos, en donde las personas estaban emocionadas de que estuviéramos ahí. Nuestro equipo acordó hacer esta oración juntos: *Padre, haz que quiten rápidamente sus ojos de nosotros. Solo queremos dirigirlos a ti, Dios, porque tú eres el autor de la verdad, eres el único a quien hay que alabar.* Estábamos desesperados por dirigir a las personas a Cristo.

En una ocasión, estábamos en una iglesia maravillosa en la que se practicaba un estilo de adoración un poco diferente al nuestro. Hay muchos estilos y métodos diferentes de adoración, y todos glorifican a Dios siempre y cuando haya un vínculo de corazón entre el adorador y el Señor. Recuerdo haber visto al pastor sentado en la primera fila de su iglesia, se veía un poco nervioso. Creo que estaba contento de habernos invitado, ¡hasta que llegamos y comenzamos a ensayar! La iglesia era bastante tradicional (magnífica, además) y nuestra presencia era un poco opuesta. Entramos, saludamos a todos con nuestro acento australiano y comenzamos la prueba de sonido. Entonces vi palidecer el rostro del pastor.

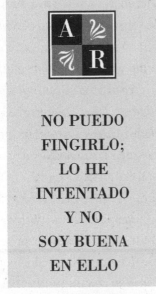

NO PUEDO FINGIRLO; LO HE INTENTADO Y NO SOY BUENA EN ELLO

Cuando visitamos una iglesia podemos intentar bajar en algún grado el tono de lo que hacemos (ajustar el volumen, etc., para honrar a los líderes), pero al final tengo que darlo todo. Es todo o nada, no puedo fingirlo; lo he intentado y no soy buena en ello. Tengo que dar todo de mí, ¿qué más podría hacer? La única expresión que puedo darle soy yo, eso es todo lo que puedo hacer, y estoy tan enamorada del Rey que tengo que demostrárselo, tengo que darle todo de mí.

Ya no era un ensayo, ya estábamos en ese lugar. Comenzamos a tocar una canción de alabanza y pude ver de nuevo la expresión preocupada del pobre hombre. Pensé: *Jesús, solo llévatelo ahora, porque será demasiado difícil.* Comenzamos con canciones de alabanza y para cuando llegamos a las de adoración, el hombre estaba ahí, con los ojos cerrados, ¡creo que tenía demasiado miedo como para abrirlos!

Pero vi el momento en el que el pastor giró la cabeza para mirar a su iglesia, y las personas estaban de pie con las manos levantadas y lágrimas corriendo por sus rostros, como si hubieran estado perdidos, amando a su Dios. Él se volvió de nuevo y rompió en llanto, este hombre con una pasión ardiente por ver a las personas enamoradas de Jesús, nunca había visto a esta iglesia amar a Dios en esa forma. Parte de su sueño se cumplió ese día; al igual que parte del mío.

Ese día Dios me recordó mi sueño, me dijo: *"¿Recuerdas ese sueño de que estarías involucrada en volver, no solo el rostro sino el corazón de la Iglesia, y no solo a un tipo de iglesia sino al cuerpo de Cristo; ver al pueblo de Dios convertirse en personas que adoren en espíritu y en verdad; adoradores que se levanten como un ejército poderoso que tome a este mundo para Jesús?"*

NO IMPORTA EN DÓNDE COMIENCE

Para ver realizarse su sueño, no importa en dónde comience. Observe la vida de David; no tuvo un comienzo grande o ilustre. Mire la vida de Moisés, quien tartamudeaba y decía no poder, no tuvo un gran comienzo. Yo miro mi propia vida, tampoco tuvo un comienzo sobresaliente, no tuvo un gran inicio. No importa en qué punto comience usted, lo que importa es que permita que el Espíritu Santo avive ese sueño en su interior para poder terminar la carrera.

Steve McPherson es uno de los líderes de alabanza de nuestra iglesia. Steve tiene dos hermanos quienes también son excelentes en el campo de las artes, ¡todos son excelentes, son brillantes! Los tres son genios musicales, pero sus padres son sordos. ¿Quién lo habría pensado? Dos padres sordos con tres genios musicales; porque el Espíritu de Dios hizo que ellos se levantaran y provocaran que una nación cantara el nombre de Jesús. Esa es la fidelidad de Dios, no importa en dónde comience.

Confíe en el tiempo de Dios

Usted puede tener un sueño y puede ser la persona más fiel del planeta, pero quizás aún se pregunte por qué no ve su sueño hecho realidad. El tiempo es la mayor prueba para un sueño. Esa puede ser una lección difícil de aprender, porque hemos estado ahí, sirviendo por un tiempo, y nos preguntamos: "¿Cuándo se realizará este sueño?"

No deje de ser fiel en lo que haga. El tiempo de Dios es perfecto; si ese sueño viene de Dios, necesitará tiempo para perfeccionarse. El pueblo de Dios, la Iglesia, es un pueblo maravilloso. ¡Los adoradores sin reservas están sacudiendo al planeta! Es por ello que el enemigo odia a los adoradores; nos odia. No le tememos; estamos llenos de fe para el futuro y llenos de fe por lo que Dios está haciendo a través de personas como usted.

Se requiere de tiempo, ¡no trabaje duro y se vaya antes de tiempo! ¡Manténgase firme, porque su cosecha será de gozo!

Nuestro Dios lo puede todo

Dios corrige nuestras incapacidades. Si decimos: "No soy capaz de realizar mi sueño", el Señor dice: "¡extraordinario!", porque Él "es poderoso para hacer todas las cosas mucho más abundantemente de lo que pedimos o entendemos, según el poder que actúa en nosotros", (Efesios 3:20). Eso es lo que Dios nos dice acerca de nuestros sueños.

En Jueces 6:11-14 se encuentra la historia de Gedeón:

Vino el ángel de Jehová, y se sentó debajo de la encina que está en Ofra, la cual era de Joás abiezerita; y su hijo Gedeón estaba sacudiendo el trigo en el lagar, para esconderlo de los madianitas. Y el ángel de Jehová se le apareció, y le dijo: Jehová está contigo, varón esforzado y valiente. Y Gedeón le respondió: Ah, señor mío, si Jehová está con nosotros, ¿por qué nos ha sobrevenido todo esto? ¿Y dónde están todas sus maravillas, que nuestros padres nos han contado, diciendo:

¿No nos sacó Jehová de Egipto? Y ahora Jehová nos ha desamparado,
y nos ha entregado en mano de los madianitas. Y mirándole Jehová,
le dijo: Ve con esta tu fuerza, y salvarás a Israel de la mano de los
madianitas. ¿No te envío yo?

¿Alguna vez se ha sentido como Gedeón? ¿Alguna vez se ha sentido abandonado? Esto es lo que Dios le dice hoy: "Ve; ¿no te envío yo? ¿No crees en mí? ¿No has leído mi Palabra? ¿No conoces el poder que hay en mis manos? ¿No sabes que el mismo Espíritu que levantó a Jesús de los muertos vive en ti? ¿No sabes que yo te envío?"

Me fascina la historia de Gedeón. Dios le dio la asombrosa promesa de ser enviado por Él, y dijo: "Ah, señor mío, ¿con qué salvaré yo a Israel? He aquí que mi familia es pobre en Manasés, y yo el menor en la casa de mi padre", (Jueces 6:15). ¿No suenan estas excusas como las que usted emplea a veces?

Pero el Señor fue paciente con Gedeón y respondió: "Yo estaré contigo, y derrotarás a los madianitas como a un solo hombre", (v.16).

Gedeón respondió: "Yo te ruego que si he hallado gracia delante de ti, me des señal de que tú has hablado conmigo", (v. 17).

¿No es eso gracioso? Gedeón estaba justo frente al ángel del Señor que le daba un mensaje de Dios (qué más se puede pedir), y Gedeón dice: "¡Necesito otra prueba para asegurarme!" ¿Eso le suena familiar? ¡A mí sí!

Luego Gedeón dijo: "Te ruego que no te vayas de aquí hasta que vuelva a ti, y saque mi ofrenda y la ponga delante de ti". Y nuestro precioso Señor respondió: "Yo esperaré hasta que vuelvas", (v. 18).

La mayoría de las personas abandonan sus sueños porque están demasiado asustados y ponen demasiada atención en sus deficiencias. Pero Dios dice: "Ve con esta tu fuerza; ¿no te envío yo?" Si Dios ha sembrado un sueño y un llamado en usted ¿no lo ha dotado para cumplirlos? ¡Lo ha hecho, es Dios quien lo envía! Él ha puesto ese llamado en su vida, le ha dado todos los dones necesarios para cumplirlo y eso es lo que hará.

No deje que su sueño muera porque crea no poder lograrlo. Deje que su sueño sea traído a la superficie otra vez. Ruego que, sea cual sea la razón que lo hubiera cubierto y mantenido encerrado en su interior, usted permita que el Espíritu Santo sople vida en esa semilla, para que el brillo del sueño que está en su interior tenga la oportunidad de resplandecer.

"¿No te envío yo?"

ORO Y PERLAS

ORO Y PERLAS
RIQUEZAS DE LOS HOMBRES
NO SE PUEDEN COMPARAR CON LO QUE TENGO EN TI
TE MIRO ASOMBRADA, CONTEMPLO TU BELLEZA
TU AMOR PARA MÍ
ES TAN RICO Y PURO
ESTOY EN SUELO SANTO
CREA EN MÍ UN CORAZÓN DE ALABANZA
JESÚS, SALVADOR DE MI ALMA
CREA EN MI UN CORAZÓN DE ALABANZA

1993 DARLENE ZSCHECH
HILLSONG PUBLISHING

SEGUNDA PARTE

EL ADORADOR
Excelente

Capítulo seis

LA EXCELENCIA IMPORTA

LA EXCELENCIA
IMPORTA

Completad mi gozo, sintiendo lo mismo, te-
niendo el mismo amor,
unánimes, sintiendo una misma cosa.
Filipenses 2:2

La noche en que nuestro grupo de alabanza grabó el álbum "You Are My World", miré
a mi alrededor y vi realizado el potencial de un
grupo poderoso de adoradores sin reservas.
Ver a estos individuos juntos como testimonios de la gracia de Dios trabajando con un fin
común, hizo que se derramaran lágrimas sobre
mi rostro. Cerré mis ojos y agradecí a Dios
desde el fondo de mi corazón por encontrarme
en ese grupo de adoradores, pues los amo mucho a todos. Lo asombroso del plan de Dios
me deja sin aliento.

Yo creo que hay algunos rasgos del carácter, que son cruciales para la excelencia, que
los miembros del equipo logran en la adoración. Su excelencia los impulsa, y refleja al

LOS DISCÍPULOS QUE ESCOGIÓ JESÚS, ERAN UNA MEZCLA DE PERSONAS IMPERFECTAS QUE ESPARCIERON EL EVANGELIO A TODOS LOS RINCONES DE LA TIERRA

Salvador y Rey. Los discípulos que escogió Jesús, eran una mezcla de personas imperfectas que esparcieron el Evangelio a todos los rincones de la
tierra. Pero todos ellos (la mayoría de ellos) amaban a Jesús más que a su
propia vida y ese es el desafío de excelencia que presento a todos los miembros de la Iglesia.

ES IMPORTANTE CONOCER A CRISTO

La mayoría de las personas están de acuerdo en que amar a Cristo más que a la vida es la premisa principal de nuestra fe, pero con facilidad nos quedamos atrapados en el ajetreo de nuestras vidas, y esta necesidad primordial de amar a Jesús, más que a todo, no es la realidad de todos. Darle el primer lugar al Señor en nuestra vida es algo absolutamente necesario para nuestra adoración. Necesitamos evaluar continuamente nuestras prioridades y entender la soberanía de Dios en nuestra vida.

LA MAYORÍA DE LAS PERSONAS ESTÁN DE ACUERDO EN QUE AMAR A CRISTO MÁS QUE A LA VIDA ES LA PREMISA PRINCIPAL DE NUESTRA FE

¡Qué historia la de Job cuando hablamos de las prioridades en la vida! Le quitaron todo lo que le pertenecía y aún así dijo: "Yo sé que mi Redentor vive", (Job 19:25). ¡Amén! Que todos podamos proclamar: "¡Sé que mi redentor vive!"

¿Donde estaría sin Jesucristo? Necesita saber la respuesta a esta pregunta antes de traer su ofrenda de adoración al altar. *Conozca a Dios, confíe en Él*, Él vive, lo que tiene en Su corazón para usted es mayor que sus propias ambiciones.

SU TESTIMONIO ES IMPORTANTE

La alabanza que lleve al Señor se impulsa con su testimonio. Tenga la seguridad de que su testimonio es importante. Mi vida es un testimonio de la gracia de Dios, Él es mi *todo*, ¡ha hecho tantos milagros en mi vida que podría contarle meses de historias! El enemigo me dijo que no era nada, que era una perdedora, pero Dios me levantó y me dijo: "No, Darlene, ¡eres una vencedora! Eres una hija de Dios, eres una increíble mujer de Dios".

Su testimonio, sus experiencias personales con Dios traerán pasión a su alabanza. Si usted toca un instrumento, recordar lo que Dios ha hecho por usted hará que toque como nunca lo había hecho antes. Si actúa, recordar su testimonio lo hará capaz de hacer una representación en la calle y con ella comunicarse con quienes no son salvos, como nunca antes. Un encuentro personal con Dios trae una convicción poderosa en los demás porque pueden ver lo que Dios ha hecho en usted. Su testimonio es importante.

Yo canto y conozco el precio de proclamar mi testimonio. Vivo bajo Su autoridad y todos los días muero a mis propios planes por lo que Dios ha hecho en mí. Ha hecho tanto que solo quiero ver Su nombre levantado en alto. Quiero ver que Dios sea famoso en todo el planeta. Porque Él vive, ahora yo tengo vida verdadera.

Acabo de escribir una canción llamada "Kiss of Heaven" porque siento como si estuviéramos en medio de un beso de Dios. Cuando lo adoramos y vivimos para Él, estamos cerca de Dios; vivimos en Su favor, el beso del cielo. Dios besa a Su pueblo y dice: "Sí, hijo, ve tras ello. Ve tras el sueño que he sembrado en tu corazón; yo te envío".

LA EXCELENCIA ES IMPORTANTE

Todos debemos servir al Señor con excelencia porque conocemos a un Dios excelente. Darle menos que lo mejor sería indigno. Ofrézcale lo mejor, sin importar cuánto sea, no lo que quisiera usted que fuera lo mejor, sino lo mejor que tenga *hoy*. El testimonio y el impacto de servir con excelencia es como mirar el efecto de las ondas de agua en el mar; la excelencia emite ondas que tocan vidas en formas que quizá nunca veremos.

La Palabra dice: "Cantadle cántico nuevo; *hacedlo bien*, tañendo con júbilo", (Salmos 33:3 énfasis añadido). Debemos hacer bien nuestro trabajo para el Señor. Me encanta ver personas no salvas que entran a una iglesia donde los creyentes han desarrollado habilidad en las áreas del servicio en las que tienen talento. Cuando la música es excelente, el arte es impresionante. Cuando los dadores dan, los servidores sirven, los cantantes cantan y todos adoran a Dios con sus dones, los visitantes se sorprenden y dicen: "¿Es en serio? ¿Estamos en la iglesia? ¡Fantástico!"

Las percepciones incorrectas de lo que es la Iglesia o los recuerdos de cómo era en el pasado han mantenido a casi una generación completa fuera de la casa de Dios. Nosotros somos la generación que debe cambiar esa imagen de la Iglesia. Debemos regresar la excelencia al santuario; debemos ser creativos y regresar la reverencia a la Iglesia.

LAS PERCEPCIONES INCORRECTAS DE LO QUE ES LA IGLESIA O LOS RECUERDOS DE CÓMO ERA EN EL PASADO HAN MANTENIDO A CASI UNA GENERACIÓN COMPLETA FUERA DE LA CASA DE DIOS

La excelencia significa *detalle*. La multitud puede hacer las cosas bien, pero los hijos del Dios viviente deben ser capaces de ser extraordinarios en todo lo que hagan. Excelencia significa eliminar las respuestas como: "Eso es suficiente", o "Lo casi suficiente es suficientemente bueno", de nuestro vocabulario. Esa mentalidad nunca traerá nada sobresaliente al santuario del Señor. Cuando el Señor diseñó el tabernáculo, fue meticuloso en sus detalles. Éxodo 35:35 dice: "Los ha llenado de sabiduría de corazón, para que hagan toda obra de arte y de invención, y de bordado en azul, en púrpura, en carmesí, en lino fino y en telar, para que hagan toda labor, e inventen todo diseño".

La excelencia significa *disciplina*. Necesitamos disciplina para ser siempre excelentes en nuestra forma de pensar, en nuestros ensayos, en nuestra planeación y en mantener nuestra palabra ante los demás. La Palabra dice: "Por lo demás, hermanos, todo lo que es verdadero, todo lo honesto, todo lo justo, todo lo puro, todo lo amable, todo lo que es de buen nombre; si hay virtud alguna, si algo digno de alabanza, en esto pensad", (Filipenses 4:8). Cuando nuestros pensamientos son excelentes, las cosas que hagamos también serán excelentes; y la excelencia es importante.

EL SERVICIO IMPORTA

Deuteronomio 10:12-13 dice: "Ahora, pues, Israel, ¿qué pide Jehová tu Dios de ti, sino que temas a Jehová tu Dios, que andes en todos sus caminos, y que lo ames, y *sirvas a Jehová tu Dios con todo tu corazón y con toda tu alma,* que guardes los mandamientos de Jehová y sus estatutos, que yo te prescribo hoy, para que tengas prosperidad?", (énfasis añadido). Sea un adorador sin reservas que esté dedicado a servirle. En el mundo secular, la música y las artes son una escena exclusiva. Solo unos pocos, un pequeño porcentaje de personas logran pasar todas las audiciones; solo las personas que tienen grandes habilidades y que son muy bellas consiguen una oportunidad en el mundo de la música y las artes. En el Reino de Dios, el arte y la música son para todos. Dios recibe a todos los que buscan compartir sus dones artísticos para expresarse. Dios dice: "Eres adecuado para mi obra maestra. ¡Tú perteneces aquí!"

Hay muchos músicos que se sientan solos en sus habitaciones, noche tras noche, con la guitarra en la mano, tocando muy bien y deseando que alguien más que ellos pudieran escucharlos. Si tan solo dedicaran el talento que Dios les dio para servirle. Dios llama a los músicos con grandes habilidades a que dediquen su música al servicio del Rey. Servirle trae un gozo que no puede encontrarse fuera de Su propósito. Podemos encontrar dinero, y mucho de ello, sin servir a Dios, pero un gozo indescriptible acompaña al servicio al Rey.

Todos los años, en julio, somos cede del Congreso Hillsong y miles de personas vienen de todo el mundo para aprender acerca de habilidades de liderazgo para todas las áreas de servicio. La misión del congreso es capacitar a las personas y abanderar la causa de las iglesias locales. ¡Mi corazón se ensancha con solo pensar en esta maravillosa oportunidad!

Cuando Mark y yo leemos los formularios de opinión acerca del congreso, la enorme mayoría de las personas no hacen comentarios acerca de lo maravillosa que fue la música, las canciones o el congreso. No son los líderes de alabanza o el coro lo que impresiona a los asistentes. La mayoría de las personas que dan su opinión se sorprenden por el nivel de compromiso del equipo de la iglesia y por el fruto de su servicio dedicado.

A los visitantes les impresiona la persona que se para bajo la lluvia para ayudarlos a estacionarse y entrar con rapidez a la reunión. Mencionan al joven estudiante que se ofrece como voluntario dieciséis horas diarias durante una semana para que las personas puedan asistir al congreso y ser bendecidas. Mencionan a la joven que dejó de asistir al congreso para trabajar en la guardería a fin de que otros pudieran recibir ministración. Estos hábiles trabajadores se ofrecieron como voluntarios por su compromiso de servir al Señor.

LA UNIDAD IMPORTA

La unidad no solo es importante, es esencial. La unidad en la Iglesia es decisiva para el testimonio de la Iglesia. Jesús oró por unidad entre todos los creyentes, de esta forma:

Mas no ruego solamente por éstos, sino también por los que han de creer en mí por la palabra de ellos, para que todos sean uno; como tú, oh Padre, en mí, y yo en ti, que también ellos sean uno en nosotros; para que el mundo crea que tú me enviaste. La gloria que me diste, yo les he dado, para que sean uno, así como nosotros somos uno. Yo en ellos, y tú en mí, para que sean perfectos en unidad, para que el mundo conozca que tú me enviaste, y que los has amado a ellos como también a mí me has amado.
Juan 17:20-23

La unidad muestra al mundo de manera sobrenatural que Dios envió a Jesús para demostrarnos Su amor. Debemos entender esta verdad, y permitir que la unidad fluya a través de la Iglesia para que el mundo pueda conocerlo. En Salmos 133:1 dice: "¡Mirad cuán bueno y cuán delicioso es habitar los hermanos juntos en armonía!"

"Pero el Dios de la paciencia y de la consolación os dé entre vosotros un mismo sentir según Cristo Jesús", (Romanos 15:5-6).

A Dios le gusta la unidad. Qué testimonio tan glorioso de Su bondad es cuando Sus adoradores se ríen juntos, oran juntos, ministran juntos, trabajan y viven juntos. Esto es algo raro y precioso. Dios nos dice que si vivimos en unidad Él traerá bendiciones. Estar unidos es una decisión que *todos* debemos tomar continuamente. Hasta tenemos que luchar por ella, ya que el enemigo quiere dividirnos y debilitarnos.

Haga lo que sea necesario para mantener la unidad porque Dios la bendice y responde a ella, de hecho, nos pide estar unidos. La Palabra dice: "Soportándoos unos a otros, y perdonándoos unos a otros si alguno tuviere queja contra otro (...) Y sobre todas estas cosas *vestíos de amor, que es el vínculo perfecto*", (Colosenses 3:13-14, énfasis añadido).

Efesios 4:11-13 dice que Dios nos dio diferentes dones para ayudarnos a edificar a los demás: "Y él mismo constituyó a unos, apóstoles; a otros, profetas; a otros, evangelistas; a otros, pastores y maestros, a fin de perfeccionar a los santos para la obra del ministerio, para la edificación del cuerpo de Cristo, hasta que todos lleguemos a la unidad de la fe y del conocimiento del Hijo de Dios, a un varón perfecto, a la medida de la estatura de la plenitud de Cristo".

LA UNIDAD MUESTRA AL MUNDO DE MANERA SOBRENATURAL QUE DIOS ENVIÓ A JESÚS PARA DEMOSTRARNOS SU AMOR

La unidad no puede tener lugar sin madurez. Dios bendice la unidad y no podemos tener unidad sin crecer en lo espiritual. Oramos por unidad, lo cual es excelente, pero si no hacemos un esfuerzo por amarnos lo suficiente como para hacer algo radical, no veremos la bendición que Dios quiere derramar en una Iglesia unificada y madura.

Es necesario que se comprometa en unidad y reconciliación dentro del cuerpo de la iglesia donde Dios lo haya puesto. Quizás usted no es uno de los líderes que se paran sobre la plataforma, pero usted es parte del equipo, aun si alaba desde el banco de la iglesia. Solo comprométase con la congregación local a la que Dios lo lleve. No tenga dudas, ni siquiera deje que una, por pequeña que sea, lo aleje de la responsabilidad. Comprométase con su iglesia y haga lo que tenga que hacer para tener unidad. Rinda su vida; piérdala, para que otros puedan hallar la suya. Haga lo que sea necesario. Dios honra la unidad donde sea que la encuentre.

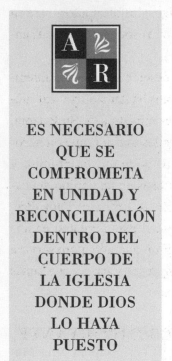

ES NECESARIO QUE SE COMPROMETA EN UNIDAD Y RECONCILIACIÓN DENTRO DEL CUERPO DE LA IGLESIA DONDE DIOS LO HAYA PUESTO

Efesios 4:2-6 dice: "Con toda humildad y mansedumbre, soportándoos con paciencia los unos a los otros en amor, solícitos en guardar la unidad del Espíritu en el vínculo de la paz; un cuerpo, y un Espíritu, como fuisteis también llamados en una misma esperanza de vuestra vocación; un Señor, una fe, un bautismo, un Dios y Padre de todos, el cual es sobre todos, y por todos, y en todos".

La expresión "estar solícitos" significa que tenemos que hacer algo. Si oramos por unidad y nos mantenemos con rencores acerca de necedades, la Iglesia nunca será cabeza en vez de cola. Debemos decir en nuestra comunidad: "Tenemos algo de qué cantar, tenemos algo por qué vivir; nuestro Dios es un Dios maravilloso y nos ha pedido que vivamos con personas diferentes y, mírennos, en verdad nos amamos y estamos comprometidos los unos con los otros." ¡ese es un gran testimonio!

La unidad no es cuestión de suerte; es un resultado del trabajo y de morir a uno mismo todos los días. En ocasiones es difícil, pero también vale la pena. ¡Es momento de que el pueblo de Dios *crezca*!

LA AMISTAD ES IMPORTANTE

La amistad genuina es importante entre los creyentes. La Palabra dice que debemos dar más de lo que se nos pide. Debemos imitar a Cristo ante los demás, debemos ofrecer la clase de amistad que ayuda a los demás, aunque cueste. Debemos ser el amigo que rinda su vida por otro; esa es una amistad en serio. Cuando Jesús reunió a Sus amigos, los discípulos, para su Última Cena, dijo: "*¡Cuánto he deseado* comer con vosotros esta pascua antes que padezca!*" (Lucas 22:15, énfasis añadido).

Honestamente puedo decir de corazón que deseo estar con los miembros de nuestro grupo de alabanza. Dios no solo nos ha llamado a tocar música juntos sino que también nos ha llamado a ser ministros de Su Palabra, juntos. Debemos tener amistades firmes con aquellos que adoran con nosotros. Pero admito que nuestra amistad ha necesitado de un compromiso y una elección. Imagine tener de diez a veinte personas en un equipo de alabanza; todos ellos creativos, apasionados y emotivos. Entonces Dios dice: "Voy a usar todas sus fuerzas y debilidades, los uniré para ministrar en mis atrios y llevar personas a mí". ¡Vaya! Ese es un *gran* llamado, pero servir a Dios con mis amigos es quizás una de las recompensas secretas que jamás esperé encontrar en este viaje de descubrimientos.

LA GENEROSIDAD EXTREMA ES IMPORTANTE

La historia de Navidad acerca de los magos que llegan a Belén para adorar a su Rey es un relato hermoso de alabanza. Estos hombres valientes viajaron muchos kilómetros para llevar sus tesoros y regalos ante el Salvador del mundo. Cuando vieron al niño, se llenaron de gozo y se postraron en adoración. Abrieron lo que le habían llevado y le dieron generosos regalos de oro, incienso y mirra porque estaban enamorados del Rey.

Mateo 6:21 dice: "Porque donde esté vuestro tesoro, allí estará también vuestro corazón". Nuestro tesoro es lo que consideramos más importante, pero estos hombres estaban tan agradecidos por el nacimiento de

Cristo que abrieron sus tesoros para darle de ellos. Nunca iban a olvidar el día en que nació su Salvador. Al leer esta historia casi pude ver a todo el cielo sonriendo mientras los ángeles cantaban: "¡Aleluya!". El relato de su largo viaje y su generosidad extrema han sido escuchados durante dos mil años por toda la humanidad.

UN ADORADOR SIN RESERVAS TIENE UN CORAZÓN GENEROSO AUN FUERA DEL SANTUARIO

Un adorador sin reservas tiene un corazón generoso aun fuera del santuario. Sea generoso en su amor hacia los demás, busque maneras de ir más allá de usted mismo, más allá de donde se sienta seguro, para ser generoso. Haga algo que en realidad bendiga a alguien, algo que le cueste, aunque sean algunos centavos para enviar una carta. Envíe una tarjeta de agradecimiento a alguien que haya hecho un gran trabajo tras bambalinas o a alguien que siempre trabaje muy duro. No cuesta mucho dinero mostrar reconocimiento o aprecio a alguien. La generosidad extrema no requiere de una contribución de millones de dólares. Sorprenda a alguien con un acto espontáneo de amabilidad.

Si podemos estar en el santuario y alabar a Dios con nuestra canción, también debemos servirle al tener un amor sin reservas hacia los demás. Sea generoso en su adoración dentro y fuera del santuario. Proverbios 11:25 dice: "El alma generosa será prosperada; y el que saciare, él también será saciado". Proverbios 22:9 dice: "El ojo misericordioso será bendito, porque dio de su pan al indigente".

No hablo acerca de solo dar dinero; hablo de que la generosidad sea parte de lo que usted es. Creo que si nos atrevemos a llamarnos adoradores sin reservas, debemos ser líderes en todo, no solo en la música, y ser extremadamente generosos es parte del resultado de pasar tiempo en la presencia de Dios. La generosidad es una llave para abrir las ventanas de la bendición en nuestras vidas. Debemos dar con un corazón que no solo busque recibir sino que dé porque lo amamos a Él más que a nuestra vida. Marcos 8:35 dice: "Porque todo el que quiera salvar su vida, la perderá; y todo el que pierda su vida por causa de mí y del evangelio, la salvará". Un adorador sin reservas querrá dar toda su vida al Evangelio; esa es generosidad extrema. Generoso es una palabra que describe la esencia de lo que es Jesús.

LA DISCIPLINA Y LA DETERMINACIÓN SON IMPORTANTES

Como adoradores sin reservas, debemos controlar nuestros sentimientos. Alabar libera creatividad en nosotros, pero las personas creativas tienden a vivir siempre rodeados por sus emociones. Esta tendencia puede ser, tanto nuestra mejor como nuestra peor característica. Los sentimientos nos pueden hacer llegar a conclusiones brillantes, pero también pueden destruirnos si no los sometemos a la Palabra de Dios. Isaías 50:4-7 dice:

Jehová el Señor me dio lengua de sabios,
para saber hablar palabras al cansado;
despertará mañana tras mañana,
despertará mi oído para que oiga como
los sabios. Jehová el Señor me abrió
el oído, y yo no fui rebelde,
ni me volví atrás. Di mi cuerpo
a los heridores, y mis mejillas a los que
me mesaban la barba; no escondí mi rostro
de injurias y de esputos. Porque Jehová
el Señor me ayudará, por tanto no me
avergoncé; por eso puse mi rostro como
un pedernal, y sé que no seré avergonzado.

BUSQUE MANERAS DE IR MÁS ALLÁ DE USTED MISMO, MÁS ALLÁ DE DONDE SE SIENTA SEGURO, PARA SER GENEROS

SI NOS PARAMOS

EN LA PLATAFORMA

Y LO ALABAMOS CON

NUESTRA CANCIÓN,

PERO NO PODEMOS

SERVIRLE SIN RESERVAS,

ENTONCES HAY UN ERROR

CON NUESTRO MENSAJE.

Me fascinan estos textos porque nos enseñan cómo mostrar determinación. "*No* seré echado; *no* seré movido; *no* me volveré atrás". Debemos tener la determinación para asirnos de Dios y pedirle que realice su milagro en nosotros, pues Él está *más* ansioso de poner Su gloria sobre nosotros de lo que nosotros estamos de recibirla. Necesitamos determinación para cumplir nuestra misión. Como adoradores sin reservas nunca estamos en un concierto o un espectáculo, estamos en una misión celestial, y tener la determinación de ver cumplidos Sus propósitos traerá una respuesta de parte de nuestro glorioso Dios.

Discipline su mente para que esté de acuerdo con la Palabra de Dios. Ello afectará su manera de hablar, así como su actitud hacia la excelencia. Afectará su actitud ¡y punto! Me encanta la historia de Daniel en la que Sadrac, Mesac y Abed-nego se encontraban en el horno pero *sabían* que su Dios los salvaría. En medio del fuego (una gran prueba) casi puedo escucharlos decir: "*No* nos rendiremos, vamos a alabar a Dios. Así que pueden lanzarnos al fuego, pueden ponernos en la guarida del león, pueden hacer lo que quieran y solo vamos a adorar a nuestro Dios, porque Él nos creó de manera maravillosa. Nos regocijaremos siempre en el Señor y continuaremos bendiciendo Su nombre. Su alabanza estará siempre en nuestra boca". Juntos, fueron adoradores sin reservas.

Su determinación fue evidente cuando acordaron: "Y si no (nos libra), sepas, oh rey, que no serviremos a tus dioses, ni tampoco adoraremos la estatua que has levantado", (Daniel 3:18). Se requiere de esa clase de valentía y de disciplina para seguir el llamado de Dios en nuestra vida.

En ocasiones puede ser que no *sintamos* que todo lo que necesitamos está frente a nosotros. Pero en el valle de la desesperación y el desánimo debemos conocer a Dios de una forma tan íntima como para decir: "Aun en medio de esto, *no* me inclinaré, conozco a mi Dios y conozco su corazón, así que, si estoy en un valle, Señor, déjame, déjame aprender rápido". Esta lección debe aprenderse con rapidez, de otro modo esta prueba de fe regresará hasta que aprenda lo que debe aprender. Tenga esa valentía y ese fuego en su interior que dice: "Bendeciré al Señor siempre y en todo".

Sea cual sea el regalo o el tesoro que traiga al altar, cúbralo con la determinación y la disciplina de bendecir al Señor sin importar lo que cueste. Conozca a Dios de manera íntima a través de la adoración para que así sepa que Él es fiel. Tenga la seguridad de que Él cuida que su llamamiento se cumpla. No se preocupe por ello, solo sirva a Dios y esté contento con ello.

SEA FUERTE

Los adoradores sin reservas saben cómo amar a Dios y se vuelven un pilar de apoyo. Fuimos creados a imagen de Dios. Debemos ser fuertes en unidad, excelencia, determinación y servicio. Todas estas cosas son importantes y reflejan la actitud excepcional de quienes han pasado tiempo en la presencia del Señor.

No tema a la disciplina, ya sea en la mente que es, pensar correctamente, o en las acciones —es decir, vivir correctamente. Proverbios 10:17 dice: "Camino a la vida es guardar la instrucción; pero quien desecha la reprensión, yerra". Proverbios 1:7 dice: "Los insensatos desprecian la sabiduría y la enseñanza". Y Proverbios 13:18: "Pobreza y vergüenza tendrá el que menosprecia el consejo; mas el que guarda la corrección recibirá honra". No le tema a la disciplina.

Si se encuentra disfrutando de una etapa de favor y éxito, lo desafío a no perder de vista la disciplina y la fidelidad que lo colocaron ahí. El éxito es un reto para un adorador sin reservas porque puede ser uno de nuestros mayores enemigos. La adoración trae favor y éxito a nuestra vida, pero el éxito puede darnos una falsa sensación de quienes somos. Pronto podemos olvidar que nuestro éxito es resultado de lo grande que es Dios.

El éxito puede tentarnos a dejarnos llevar por él en vez de continuar haciendo las cosas que en principio nos permitieron llegar ahí. Lo desafío a no dejar de hacer todas las cosas que le dieron el privilegio de ejercer una influencia, no importa qué tan grande o pequeña. Siga adorando al Señor principalmente y más que nada en su vida.

Después de algunos años de dirigir la alabanza en nuestra iglesia, cambié de profesor de canto por la sola razón de haber escuchado que esta mujer era la mejor. Escuché que era fantástica y estaba muy emocionada con mi primera lección. Preparé una canción para mostrarle lo que podía hacer, así que me senté en el piano y comencé a cantar y tocar "Let It Be" de los Beatles. Cuando terminé, hubo silencio, así que me volví hacia ella y esperé. Estaba muy ansiosa por escuchar sus comentarios y pensaba que lo había hecho bien.

Podrá imaginar mi vergüenza cuando cerró con fuerza la tapa del piano y dijo: "¡Esa es la mayor _____ que he escuchado! ¿Qué no cantas en la iglesia? Has tenido por años a un ejército de personas a tu alrededor que te animan y has dejado de trabajar en tu don".

Ese fue un día horrible, pero aprendí la lección; ella estaba en lo correcto. En el ambiente alentador de la iglesia, es fácil probar un poco de éxito y desarrollar un falso sentido de quienes somos en realidad. Para poner sal en la herida ¡la profesora me llevó a un simposio de canto para mostrarles a las personas como *no* cantar!

El éxito puede hacernos apáticos e informales; nos hace asumir que "todo estará bien" siempre. Dejamos de preocuparnos por los ensayos pensamos que "la alabanza estará excelente", pero no lo estará si dejamos de ejercer la fe durante la semana. La alabanza no será excelente si no hacemos mejor que en el servicio anterior, ¡no lo será si no nos sabemos las canciones!

> SI SE ENCUENTRA DISFRUTANDO DE UNA ETAPA DE FAVOR Y ÉXITO, LO DESAFÍO A NO PERDER DE VISTA LA DISCIPLINA Y LA FIDELIDAD QUE LO COLOCARON AHÍ

No piense que puede ser despreocupado en la alabanza. "Los insensatos desprecian la sabiduría y la enseñanza." Sea celoso en la adoración que lo llevó frente a Dios la primera vez que creyó. Regrese al lugar donde el llamado de Dios lo enloqueció, a ese llamado de Dios del que no pudo escapar. No tema a la disciplina y la fidelidad porque pueden ser sus mejores amigas.

EL PODER Y LAS TRAMPAS DEL ÉXITO

Nunca se apartará de tu boca este libro de la ley, sino que de día
y de noche meditarás en él, para que guardes y hagas conforme a
todo lo que en él está escrito; porque entonces harás prosperar
tu camino, y todo te saldrá bien.

Josué 1:8

Todo cristiano tiene el deseo de tener éxito y alcanzar los propósitos de Dios para su vida, ¿Pero, qué es lo que hace que muchos logren el éxito y permanezcan insatisfechos? La búsqueda del éxito por el deseo de ser exitoso es un pozo vacío. El éxito en sí no nos satisfará. La imagen del éxito que muestra el mundo es muy seductora, dinero, fama y glamour. En cambio, la imagen que Dios tiene del éxito es la de un servidor, muerto a sí mismo y vivo para Cristo. Creo que el éxito puede ser tanto una influencia negativa como positiva, es nuestra elección camino qué seguiremos.

El éxito genera impulso

El impulso del éxito puede ser su mejor amigo; es como el aliento de Dios, que hace que un día sea más valioso que mil. Cuando el impulso está de nuestro lado, el futuro se ve brillante, los obstáculos parecen pequeños y los problemas, temporales. Este impulso nos hace ver mejores de lo que somos.

Se abusa del impulso cuando dejamos de buscar el oro que causó todo esto en primer lugar. Si dejamos de seguir las bases de la fe, los valores fundamentales del amor, perderemos el favor que nos trajo éxito. Simplemente debemos buscar el Reino de Dios y Su justicia, paz y gozo en el Espíritu Santo. Si lo hacemos, el éxito llegará de manera inevitable. Pero si alejamos nuestros ojos del Reino de los cielos y comenzamos a pensar *Soy increíble; somos increíbles; ¡podemos hacerlo!* Abusamos del privilegio del éxito y perdemos de vista el llamado.

El éxito trae concentración

Cuando las personas están concentradas, desarrollan un sentido de destino y propósito, y comienzan a creer en sí mismos. De pronto el destino es algo que se puede alcanzar, la concentración mejora y se desarrolla una "voluntad de acero" o determinación en sus almas. ¡Ese es un lugar fantástico en el cual estar!

Si no ponemos atención a las cosas indicadas, estamos en problemas. Existe la tentación de enfocarnos en el don en vez de en quien da el don, ese es un terreno peligroso que da lugar a conflictos, descontento, codicia y celos. ¡Aléjese de ahí! Mantenga sus ojos en la recompensa; concentre sus esfuerzos hacia fuera en lugar de hacia adentro. Ponga atención al Señor y no solo en Sus beneficios.

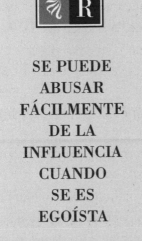

El éxito trae influencia

¡Que honor es tener influencia! Por su increíble gracia, Dios nos ha dado favor para influenciar cambios en la vida de las personas. ¡Es emocionante ser parte de la edificación del Reino de Dios!

SE PUEDE ABUSAR FÁCILMENTE DE LA INFLUENCIA CUANDO SE ES EGOÍSTA

Se puede abusar fácilmente de la influencia cuando se es egoísta. Muchas personas fueron parte de grandes equipos en el ministerio y de pronto creyeron que el éxito era solo para ellos y que el equipo era un lastre. ¡Esta manera de pensar hace que las personas pierdan la humildad que les dio la influencia! Muchas personas ansían tener fama e influencia, pero no están listos para pagar el precio o asumir la responsabilidad inseparable de esa influencia.

Se necesitan agallas para ser influencia en el reino de Dios. Muchas personas están satisfechas con solo sentarse con la multitud, porque no quieren ser vistos. No quieren que nadie los note, porque con la influencia viene la responsabilidad de llevar a las personas a Dios. Dios quiere adoradores que no solo sean parte de la multitud sino que resalten en medio de ella.

Dios no busca a alguien extremadamente talentoso para que influencie a otros a llevar una vida para Dios; busca a alguien que sea obediente. Dios usa a personas ordinarias como usted y yo. Cual sea la influencia que yo tenga, solo es mía porque Dios me la ha dado. Amo al Rey y quiero amarlo más que a mi vida, pero he aprendido que se necesita valentía para ser una influencia, porque debo estar dispuesta a levantarme en medio de la multitud. No puedo esconder mi fe o mi amor por Él si quiero continuar siendo una influencia.

El éxito es atractivo

Lo igual atrae a lo igual y cuando usted camina sobre el camino del éxito con humildad, personas con un corazón afín al suyo se acercan a usted, lo que forma relaciones poderosas. Es algo muy bueno ser parte de un grupo de adoradores sin reservas que trabajan juntos en unidad; es algo que aprecio y que jamás tomaría por sentado. Una iglesia adoradora atrae adoradores.

Sin embargo, si quiere tener éxito para ser visto, eso también atraerá personas con un corazón afín, pero vivir para recibir la afirmación y aprobación de los demás es una manera agotadora de vivir. Si su autoestima depende constantemente de la popularidad, su camino al éxito se verá reducido a la autogratificación. No hay gozo en ese esfuerzo estéril.

Usted puede caminar bien por el camino del éxito

En el Reino de Dios, el éxito tiene el fin de edificar las vidas de los demás. El propósito de su vida está ligado de alguna forma a esta finalidad. Josué 1:8 nos enseña como caminar correctamente por el camino del éxito.

TE BENDECIRÉ, SEÑOR

CONFÍO EN TI, MI FIEL SEÑOR
PERFECTO ES TU AMOR
RESPONDERÁS A MI CLAMOR
MI ESPERANZA, FUERZA Y CANCIÓN
Y CON GOZO GRITO
TE AGRADEZCO
TU PLAN PERMANECE PARA SIEMPRE
TU ALABANZA DIOS SIEMPRE ESTARÁ
FLUYENDO EN MI CORAZÓN
TE BENDECIRÉ, SEÑOR
TE BENDECIRÉ, SEÑOR
CUÁNTO MI ALMA CLAMA
POR TI, MI DIOS
TE BENDECIRÉ, SEÑOR

1997 DARLENE ZSCHECH
HILLSONG PUBLISHING

Dice: "Nunca se apartará de tu boca este libro de la ley, sino que de día y de noche meditarás en él, para que guardes y hagas conforme a todo lo que en él está escrito; porque *entonces* harás prosperar tu camino, y todo te saldrá bien". Énfasis añadido.

Sea fiel, muy fiel. Sea fiel en las cosas pequeñas y en los momentos privados que nadie ve. Sobre todo, tenga un corazón ansioso por ver establecidos los propósitos de Dios y que lata solo para glorificarlo. No debemos dejar que el enemigo llamado éxito nos ate, nos estrangule o nos haga retroceder. Como adoradores sin reservas que nos atrevemos a ir adelante y reflejar al Savador, no debemos retroceder.

Capítulo siete

EDUQUE LA
MENTE

EDUQUE LA MENTE

En un tiempo, estuve confundida acerca de mi papel en el ministerio. Amaba al Señor, pero no estaba segura de cómo encajaría en la iglesia. Me gustaba mucho cantar y con frecuencia hacía audiciones para grupos; hasta hice audiciones para el musical *Hair!* (¿En qué estaba pensando?) Por miedo, hice todo lo que pude para evitar ser "solo una cantante de iglesia". Pensé que cantar, o llevar mi don a la iglesia traería con ello una especie de estigma, algo que ahora me parece increíblemente equivocado. Es por la Iglesia por lo que tenemos talentos y dones. ¡Nuestros dones deben usarse para la gloria de Dios!

Yo no entendía lo que significaba conocer mi propósito y buscarlo con mis dones. Confiaba en Dios en otras áreas, pero me sentía nerviosa de sembrar mi don musical en la iglesia local para extender el reino de Dios. Había cantado desde los tres años y para el momento en que me volví cristiana, tenía cinco años de cantar y entretener de manera profesional. Mi hermosa madre me hacía cantar donde sea que alguien quisiera mirarme y escucharme ¡aún si en realidad no querían!

Pero hubo un momento definitivo al principio de mi vida cristiana, lo que ha mantenido la claridad en mi corazón con respecto a la dirección de la alabanza. Estaba orando a mi nuevo Mejor Amigo cuando sentí esa tranquila y pequeña voz hablar a mi ser. El Señor me dijo: *"No necesitas actuar para mí"*.

EL SEÑOR ME DIJO: "NO NECESITAS ACTUAR PARA MÍ".

Me detuve y pensé: *¿Qué fue eso?* Sabía que no era un pensamiento que hubiera generado yo misma; ¡ni siquiera estoy programada para pensar así! No conocía el sonido de la voz de Dios, pero de alguna forma supe que era la dulce y amable voz del Espíritu Santo que separaba mi pasado de mi futuro, que alineaba mi vida con la Suya y me llevaba en la dirección que Dios había establecido. Ruego que al leer esto usted reciba la revelación de Dios de que nuestra salvación no se basa en nuestro talento. La salvación no tiene que ver con lo grandes que seamos sino con lo lleno de gracia que está nuestro magnífico Dios.

Fue años después que comencé a dirigir la alabanza, pero esa voz inconfundible susurraba esa verdad a mi vida una y otra vez. Me liberó para dirigir a las personas sin caer en la trampa de ser una "artista de adoración". Estaba atrapada en un cristianismo basado en la actuación, pero sus palabras me libraron de mi continuo esfuerzo de complacer al hombre para vivir una vida que existe para complacer a Dios.

Aunque yo tenía la llave, esa Palabra de Dios, me fue difícil librarme de la forma de pensar, que decía que debía ganarme la salvación. Mi entendimiento de la gracia de Dios aun estaba en su infancia; mi progreso se veía retardado por la duda y la incredulidad. Lo que yo era y lo que hacía se mantuvieron entrelazados de una manera poco saludable por algunos años. Esta manera de pensar es un verdadero problema para muchas personas, pero con el tiempo, al leer la Palabra y construir una *relación* con Dios, mi mente se renovó poco a poco.

Renueve su mente

Hebreos 10:16 dice: "Este es el pacto que haré con ellos después de aquellos días, dice el Señor: pondré mis leyes en sus corazones, y en sus mentes las escribiré". Romanos 12:2 dice: "No os conforméis a este siglo, sino transformaos por medio de la renovación de vuestro entendimiento, para que comprobéis cuál sea la buena voluntad de Dios, agradable y perfecta".

Yo pensé que se necesitaba mucha disciplina para ser cantante; práctica, calentamiento, etc. Pero renovar mi mente ha requerido una disciplina aún mayor. Aprender a llevar cautivo *cada* pensamiento requiere de resistencia. Daba un paso hacia delante y comenzaba a levantarme en las cosas de Dios y luego, antes de darme cuenta de lo que ocurría, daba un paso atrás, pero he aprendido que no es necesario dar pasos atrás si dejo que el poder de la Palabra de Dios renueve mi mente.

Si mantener sus pensamientos alineados con la Palabra de Dios le es difícil, le sugiero que escuche cintas de enseñanza. Por muchos años, mi auto ha sido mi escuela para "renovar la mente". He escuchado cientos de horas de enseñanzas bíblicas para volver a educar mi ser interior mientras viajo en auto. Para mantener sus pensamientos acordes con los de Dios, es importante escoger con cuidado qué ver en la televisión o escuchar por la radio. Si coloca basura en su mente, obtendrá basura.

Nutra su mente con la Palabra de Dios. No la prive del conocimiento de su verdad, o encontrará algo más con que saciarse. Dé a sus pensamientos la comida indicada; aliméntese con la verdad y su corazón meditará en las mejores cosas de Dios.

NUTRA SU MENTE CON LA PALABRA DE DIOS. NO LA PRIVE DEL CONOCIMIENTO DE SU VERDAD, O ENCONTRARÁ ALGO MÁS CON QUE SACIARSE

Creo que es importante examinar nuestro corazón en ocasiones, preguntarnos si lo que hablamos es muerte o vida, pues eso depende del corazón. El poder de la lengua es sorprendente, lo que confesamos sobre el mundo también lo es. En lo que nos gozamos nos hace ser adoradores excelentes o débiles; gócese en la Palabra y deje que su poder transformador rija su mundo. La adoración es una canción del corazón; tarde o temprano su condición se revela.

El corazón es la sala de máquinas de nuestra vida. Proverbios 4:23 dice: "Sobre toda cosa guardada, guarda tu corazón; porque de él mana la vida". Es sorprendente que las personas gasten miles de dólares, horas y horas al día en ejercitar sus cuerpos, verse bien y sentirse bien. Sin embargo se niegan a pasar tiempo en renovar su mente para fortalecer su corazón, el centro de la vida.

Salmos 139:13-14: "Porque tú formaste mis entrañas; tú me hiciste en el vientre de mi madre. Te alabaré; porque formidables, maravillosas son tus obras; estoy maravillado, y mi alma lo sabe muy bien". Me tomó años llegar al momento en el que pudiera decir: "Soy una creación formidable y sus obras son maravillosas". ¡Me tomó años! El proceso de renovar mi mente fue lo que me permitió cambiar mi manera de pensar.

Dios es misericordioso y a pesar de mis dudas e inseguridades aparentemente interminables, Él estuvo conmigo en cada paso. Guiándome con delicadeza, como un padre que enseña con paciencia a caminar a su hijo: "Vamos, corazón, eso es; ¡Eres muy inteligente!". Y cuando el niño se cae, aplaudimos y decimos: "¡Bien hecho, buen intento!". Los ayudamos a levantarse y hacer todo de nuevo, animándolos y ayudándolos una y otra vez. Al seguir a Cristo y al buscar entender Su regalo de salvación, nuestro precioso Padre nos dice: "Eso es; ¡bien hecho! Confía en mí, yo te sostendré".

En el año 2000 la sociedad estadounidense de compositores, autores y editores me nominó para la categoría de la compositora del año. Fue un honor increíble, pero de camino a la ceremonia estaba muy nerviosa. Como lo dije antes, antes de ser una líder de alabanza, trabajaba en la industria secular de la música haciendo presentaciones y cantando melodías para anuncios de televisión. Venía de un ambiente en el que se daba mucha atención a la individualidad y a ganar reconocimiento por el talento. Como adoradora, había trabajado por muchos años para disminuirme y aumentarlo a Él. Estaba nerviosa por regresar a un ambiente, aunque cristiano, donde es posible poner más atención al negocio de la música que a la razón de la música.

Todos somos débiles, sin importar lo fuertes que creamos ser. Todos podemos cometer errores en la vida, así que estaba nerviosa. Pero en ese largo viaje de Sydney a Nashville, el Espíritu Santo habló directamente a mi corazón y dijo: "No estás en venta, te compré por un precio". Sus palabras me dieron confianza mientras caminaba hacia ese lugar. Sabiendo que mis habilidades son solo Suyas.

ORGULLO

Tomo en serio la responsabilidad de ser un líder de alabanza. Da mucho en qué pensar el hecho de que el único scr que fue expulsado del cielo haya sido un líder de alabanza. El orgullo es una semilla que puede echar raíces con *mucha* facilidad. La Palabra de Dios tiene mucho qué decir al respecto:

> **DA MUCHO EN QUÉ PENSAR EL HECHO DE QUE EL ÚNICO SER QUE FUE EXPULSADO DEL CIELO HAYA SIDO UN LÍDER DE ALABANZA.**

*La soberbia del hombre le abate; pero al humilde
de espíritu sustenta la honra.
Proverbios 29:23*

*Porque todo lo que hay en el mundo, los deseos de la carne,
los deseos de los ojos, y la vanagloria de la vida, no proviene del Padre,
sino del mundo. Y el mundo pasa, y sus deseos; pero el que hace
la voluntad de Dios permanece para siempre.
1 Juan 2:16-17*

Todos debemos aprender a examinar nuestro corazón y nuestra mente. Uno de los peligros que enfrentamos en Hillsong Church es el hecho de que nos hemos hecho famosos por nuestra adoración. Pero nuestro trabajo es hacer famoso a Dios en nuestra adoración. Mantener eso en el centro de nuestro corazón, ayuda a poner todo en perspectiva.

En una ocasión me invitaron a cantar en una iglesia aquí en Australia. Cuando llegué, yo solo era una de muchas cosas que se presentarían esa noche. Al final de la velada, como yo era una invitada, asumí que alguien me llevaría al hotel. Así que me quedé esperando en la sala de descanso. Cuando ya casi no había gente, ¡me di cuenta que no habían arreglado que alguien me llevara a casa!

AL RECIBIR REVELACIONES DEL AMOR DE DIOS, PUEDE OMENZAR A PENSAR QUE SE MERECE SU AMOR Y POR LO TANTO, QUE MERECE EL AMOR DE TODOS LOS DEMÁS.

No conocía a nadie, así que le pregunté a una chica si ella iba a llevarme al hotel ¡dijo que no! Terminé pagándole para que me llevara. Estaba muy avergonzada de haber sido tan presuntuosa. La mañana siguiente tomé un taxi para llegar a la reunión de la mañana. Canté para ellos y luego subí al avión tan pronto como pude. Todo esto ocurrió por pensar que me estaba volviendo "alguien". Creo que Dios organizó ese incidente para mantener mis ideas en orden.

El orgullo es uno de los mayores obstáculos que un músico o cantante puede encarar, pero también es una trampa en potencia para cualquiera. Pablo lo explica en su carta a la iglesia de Corinto:

De mí mismo en nada me gloriaré, sino en mis debilidades. Sin embargo, si quisiera gloriarme, no sería insensato, porque diría la verdad; pero lo dejo, para que nadie piense de mí más de lo que en mí ve, u oye de mí. Y para que la grandeza de las revelaciones

no me exaltase desmedidamente, me fue dado un aguijón en mi carne,
un mensajero de Satanás que me abofetee, para que no me enaltezca
sobremanera; respecto a lo cual tres veces he rogado al Señor, que lo
quite de mí. Y me ha dicho: Bástate mi gracia; porque mi poder se
perfecciona en la debilidad. Por tanto, de buena gana me gloriaré más
bien en mis debilidades, para que repose sobre mí el poder de Cristo.

2 Corintios 12:5-9

Al recibir revelaciones del amor de Dios, puede comenzar a pensar que se merece Su amor y por lo tanto, que merece el amor de todos los demás. Si puede evitar ese obstáculo de orgullo, comenzará una extraordinaria vida de servicio en el reino. No pensar demasiado de usted mismo, buscar el bien de los demás y escuchar los concejos o correcciones, son cosas que lo ayudarán a resistir la horrible tentación del orgullo. De igual manera, es útil ser parte de un grupo que le diga: "Oye, amigo, tranquilízate, ¡que no se te suba a la cabeza!"

Uno de nuestros líderes de alabanza, Steve McPherson, estaba en el aeropuerto, donde conoció a un hombre que le dijo que iría a nuestra iglesia ese fin de semana, que era un *gran* cantante y que sería estupendo para nuestro equipo. Así que Steve, como era su deber, lo invitó a ir a nuestro ensayo la noche del miércoles para que pudiera hacer una audición para el coro. El hombre insistió y le dijo: "No, no me entiendes. Soy un cantante *muy, muy ungido*".

Steve dijo: "Genial, ven y haz una audición para el coro". Pero el hombre nunca llegó a la audición, lo más probable es que no pudo aceptar el hecho de que no mostraría ese domingo su hermosa habilidad. Si llegamos a ver la adoración como medio de mostrar nuestro talento en vez de ser un adorador excelente para el Dios vivo, estamos en graves problemas.

ES UNA NUEVA TEMPORADA

"He aquí que yo hago cosa nueva; pronto saldrá a luz; ¿no la conoceréis? Otra vez abriré camino en el desierto, y ríos en la soledad. Las fieras del campo me honrarán, los chacales y los pollos del avestruz; porque daré aguas en el desierto, ríos en la soledad, para que beba mi pueblo, mi escogido. Este pueblo he creado para mí; mis alabanzas publicará", (Isaías 43:19-21).

Usted y yo, como pueblo de Dios, solo hemos dado un vistazo a la relación con Dios que vendrá en el futuro. Dios ha abierto nuestro apetito de Su gloria. En toda la tierra, la Iglesia está tomando el lugar que le corresponde como la hermosa esposa de Cristo y hemos visto un crecimiento en la presencia de Dios como nunca lo habíamos experimentado antes. En todo el mundo las personas se vuelven radicales en su búsqueda de Cristo. ¡Estamos al borde de algo muy poderoso!

Se está levantando una generación de adoradores que conocen el maravilloso poder de Su presencia, quienes traerán una nueva canción. Una chica de nuestra iglesia, Tanya Riches escribió la canción "Jesús, que nombre tan hermoso" ¡a la edad de dieciséis! Sé que compositores más jóvenes llevarán a la iglesia a una alabanza más profunda. En el futuro nos impresionará la edad de las personas de quienes provendrán las canciones. Estaremos asombrados ante lo profundo del carácter que vendrá de los jóvenes. Nos sorprenderán sus palabras proféticas. *Espérelo* ya que la expectación es el campo donde se cultiva lo milagroso.

LA EXPECTACIÓN ES EL CAMPO DONDE SE CULTIVA LO MILAGROSO

Atrévase a demostrarlo; atrévase a tomar su lugar en este magnífico momento de la historia, pues ¿quién sabe lo que nos espera al doblar la esquina? Siento que el agua se eleva, de que se eleva la marea espiritual y de que estamos a punto de experimentar un poderoso rompimiento de esas aguas, como un maremoto, mientras nuestro deseo por servirle nos consume. Si usted lo quiere, ya está aquí. Estamos a punto de presenciar algo milagroso, así que animo a todos en la iglesia a prepararse. Sea fuerte, se requieren agallas para ser un adorador excelente. No quiero escribir jamás la fórmula para ser un "adorador exitoso". Pero espero inspirar a la iglesia a ser *radical* por Cristo; esa es la meta que persigo.

En una ocasión, había tanta gente en nuestra iglesia que cuarenta minutos antes de que comenzara el servicio, las personas ya estaban entrando. Había personas en todas partes y el pastor principal, Brian Houston, pasó junto a mi y dijo: "Necesitamos comenzar el servicio; ahora. Tienes doce minutos para la alabanza".

Me pareció que deje de escuchar lo que dijo después. *¿Doce minutos? ¿Qué son doce minutos?* Así que le dije a Ian Fisher, uno de nuestros directores de música, "Tenemos doce minutos para llevar a las personas del caos (las personas estaban en todos lados buscando lugares y la guardería) a estar conscientes de la presencia del Dios todopoderoso". Así que Ian reunió al grupo y les dijo: "Tenemos doce minutos; ustedes se han preparado para esto toda su vida. Ahora tomen el llamado de Dios; saldremos y en doce minutos los llevaremos al salón del trono de Dios. Vamos a darles una prueba del cielo. ¿Está bien?". Habló fe a cada uno de esos adoradores excelentes.

Una vez que oramos, subimos a la plataforma y la iglesia no supo qué la golpeó. Fue como si todo el cielo pensara que esos adoradores eran demasiado buenos para ser verdad. Los primeros treinta segundos fueron en verdad magníficos. La adoración fue gloriosa desde el principio; se podía sentir, se podía ver; era la presencia de Dios que se quedaba en ese lugar. No puedo explicar lo que pasó, pero en doce minutos las vidas de esas personas giraron 180 grados y por una hora tuvimos un servicio magnífico. Tuvimos una alabanza y adoración "fuera de este mundo"; se predicó la Palabra; levantamos una ofrenda, que es parte de la adoración; hicimos un llamado y las personas se fueron; duró una hora y media hora después entró la siguiente multitud y comenzamos de nuevo.

Ese día aprendimos que si tenemos una revelación del poder de la alabanza y la adoración y vivimos como adoradores, podemos llevar a otros a los atrios del cielo en doce minutos. Debemos hacer más que solo *esperar* que alguien adore; tenemos que *liderar* a las personas. Debemos tomarlas de la mano y decir: "Sé que el mundo es difícil, pero déjame llevarte a la respuesta de tu vida".

Los individuos quienes se vuelven adoradores excelentes, se dan cuenta que deberán dirigir a otros en alabanza. Los padres adoradores deberán conducir a sus hijos a la presencia de Dios. Los vecinos conducirán a los vecinos, los empleados adoradores conducirán a sus superiores a Su presencia. La adoración excelente es contagiosa.

EL TALENTO Y LA FIDELIDAD

LOS PADRES ADORADORES DEBERÁN CONDUCIR A SUS HIJOS A LA PRESENCIA DE DIOS

Ama el Señor a quienes detestan el mal; protege la vida de su pueblo, y los libra de los malvados.
Salmos 97:10

Fidelidad no es una palabra muy popular en el mundo actual, pero es una virtud que trae gran bendición cuando es aplicada a cualquier área de nuestras vidas. Mark y yo hemos visto de primera mano que hay bendición cuando somos fieles a la causa de Cristo. Hay bendición cuando somos fieles a Su amor. El talento tiene poco que ver con el que haya o no bendición. Dios nos dio nuestros dones y talentos. Aunque sean codiciados por el mundo, son poco importantes en la lista de las cosas que Dios busca para tener una vida efectiva y con propósito que honre a Cristo.

Segundo de Crónicas 16:9 dice: "Porque los ojos de Jehová contemplan toda la tierra, para mostrar su poder a favor de los que tienen corazón perfecto para con él". Debemos recordar siempre que la razón por la que hacemos lo que hacemos es para adorar al Señor y alcanzar almas para Su Reino. Si vemos a la Iglesia como una salida, una oportunidad para nuestros dones, una manera de experimentar lo que tenemos o una forma de éxito, estamos en el lugar equivocado. ¡La Iglesia no es un vehículo para presentar nuestros talentos y lanzarnos al estrellato cristiano!

En nuestra iglesia, en el grupo de alabanza, somos directos con las personas acerca de buscar fama. La Iglesia es acerca de Dios y las personas, y prefiero al hombre o la mujer de Dios que al don. Los hombres y mujeres de Dios son primero. Hay muchas personas con dones, en realidad no es problema encontrar a alguien con talento; hay personas talentosas en todas partes. Queremos ver hombres y mujeres de Dios movidos por la causa de Cristo y que cuando toquen, canten o dirijan, la gente caiga de rodillas a causa de su pasión por Cristo. Hay una diferencia muy notoria entre un músico talentoso y uno ungido. Es bastante fácil discernir cuando alguien hace una audición para el coro solo por buscar una oportunidad o cuando lo hace para ser parte de la gloriosa presencia de Dios. La lealtad y la fidelidad son posesiones preciosas para ser un adorador excelente.

¡LA IGLESIA NO ES UN VEHÍCULO PARA PRESENTAR NUESTROS TALENTOS Y LANZARNOS AL ESTRELLATO CRISTIANO!

Los adoradores excelentes necesitan ser firmes, centrados, constantes, confiables e inamovibles, no *re*movibles; *ina*movibles. No iré a ningún lado, conozco el llamado de mi vida; estoy aquí, con firmeza. No voy a ser llevada de un lugar a otro por las necedades que la vida me presente o que el enemigo me arroje, sino que seré alguien que se mantenga con la fuerza de la Palabra de Dios.

ACEPTE EL RETO DE SER UN ADORADOR EXCELENTE

Muchos cantantes y músicos quienes buscaban dirigir la alabanza, no lograr su potencial porque no tienen en sus vidas el nivel de excelencia que trae consigo la bendición de Dios. Por un tiempo, el favor de Dios parece cubrir toda clase de cosas malas en nuestra vida, pero con el tiempo debemos tomar la responsabilidad por nuestras elecciones, si queremos que Dios nos confíe más oportunidades. La decisión de volvernos las personas que Dios planeó que fuéramos es nuestra. Las demás personas pueden darnos ánimos, motivarnos y edificarnos, pero al final, debemos tomar una decisión individual de mantener nuestros corazones leales a Él.

ESTÉ O NO ESTÉ EN UNA POSICIÓN DE LIDERAZGO, HAY ALGUIEN QUE LO TOMA COMO EJEMPLO.

Lo desafío a ser un adorador excelente en lo público y en lo privado. Esté o no esté en una posición de liderazgo, hay alguien que lo toma como ejemplo. Alguien, en algún lado, se dará cuenta si usted está o no comprometido con alabar a Dios. No les dé un ejemplo musical, las personas no necesitan seguir su talento, déles una vida que seguir, una vida que irradie la gloria de Dios. Viva una vida radical para Cristo, sea un adorador radical comprometido con el reino de Dios en vez de con sus propias intenciones o motivos.

El pueblo de Dios, la compañía de adoradores comprados por Jesucristo, han sido llamados para ser líderes en la tierra. Sea radical para servir a Dios y en su expresión de amor y devoción a Él. Si usted es radical, las personas a su alrededor querrán ser radicales también. Solo se necesita un adorador excelente para romper la barrera, para darles permiso a todos los demás de hacer lo mismo. Sea el que rompa la barrera para acercarse a la excelencia de la presencia de Dios. No espere a alguien más; *usted* dirija el buscar a Dios.

Jamás quiero llegar al punto en el que nuestro grupo de alabanza sea tan solo "bueno en lo que hace". Eso sería horrible, se requiere de un esfuerzo radical si queremos que Su nombre se levante con magnificencia en todas las esferas de influencia posibles. No podemos levantar su imagen al tratar de ser geniales. Con frecuencia tengo la oportunidad de viajar y hablar a grupos de alabanza en las iglesias. Muchos grupos trabajan duro para mejorar lo que hacen, intentan tener un coro más grande y un mejor sistema de sonido, desean tener mejores músicos, se preguntan si el coro debería vestir chalecos de colores y tratan que todo esté perfecto. Esas son metas maravillosas y me *encanta* llevar excelencia a la casa de Dios, pero animo a los equipos a revisar sus motivaciones, a no caer en la trampa de adorar la adoración. Adore al Rey y sea excelente por amor a Él.

Nosotros tenemos la promesa divina de que cuando Dios es exaltado, acerca a todos los hombres a Su ser glorioso. Salmos 91:1 dice: "El que habita al abrigo del Altísimo morará bajo la sombra del Omnipotente". Si usted se siente vacío en ocasiones, necesita responder a Su instrucción, obedecer el Espíritu de Dios y *entrar en Su presencia*. El gozo y la fuerza se encuentran en Su morada, en Su presencia. Si he aprendido algo, es que no se supone que vivamos este llamado sobrenatural con la simple habilidad natural. Nunca lo lograremos en nuestras propias fuerzas. Pero si entendemos a Dios por Su Palabra, vivimos en Su presencia, vivimos una vida de amor y respondemos a Su voz, entonces viviremos nuestra vida entera creciendo en el conocimiento de Cristo, frescos y fuertes en la Palabra y viviendo una vida que las personas querrán seguir.

SI HE APRENDIDO ALGO, ES QUE NO SE SUPONE QUE VIVAMOS ESTE LLAMADO SOBRENATURAL CON LA SIMPLE HABILIDAD NATURAL.

Hay una canción hermosa llamada "With All of My Heart" escrita por

Babbie Mason. Cada vez que escucho esta canción, recuerdo por qué hago lo que hago.

Esta es una canción hermosa. A menudo llevo este disco compacto conmigo en el avión y en muchas ocasiones me han sorprendido sus letras sencillas pero poderosas. Podemos ser talentosos y dotados, pero al final, la canción de Babbie debe ser el clamor de nuestros corazones, porque todo el talento del mundo no es suficiente. La adoración excelente no es solo cantar una canción o tocar música en el santuario. Para entrar en todo lo que Dios nos pide que entremos, debemos ser discípulos dedicados que vivan vidas rendidas a Él aun fuera del santuario. Lo que decimos al entrar en una habitación, necesita reflejar un corazón que adore a Dios.

Esta sencilla verdad es poderosa; *Todo lo que hacemos por Él y ganamos gracias a Él es trivial, a menos que estemos arraigados profundamente en Él.*

Hechos 17:28 dice: "Porque en él vivimos, y nos movemos, y somos". Así que mantenemos nuestros corazones por buen camino al amarlo y buscarlo de verdad por encima de todo lo demás. "Bendito el varón que confía en Jehová, y *cuya confianza es Jehová*", (Jeremías 17:7, énfasis añadido).

UN CORAZÓN TRANSPARENTE

Jeremías 17:9 nos advierte: "Engañoso es el corazón más que todas las cosas". Se nos instruye que confiemos en el Señor con todo nuestro corazón y que no nos apoyemos en nuestra propia prudencia, que reconozcamos al Señor en todos nuestros caminos, que entonces Él dirigirá nuestras veredas. Lo desafío a desarrollar confianza en Dios. Algunos adoradores encuentran más sencillo abrir su corazón y expresar amor y devoción genuinos al Señor que otros. Algunas veces las heridas del pasado, remordimientos, decepciones o simplemente el temor de que le fallen a uno evita que el corazón sea completamente transparente.

CON TODO MI CORAZÓN

EN ESTE LUGAR TRANQUILO CONTIGO
ME POSTRO DELANTE DE TU TRONO
DESNUDO LA PARTE MÁS PROFUNDA DE MÍ
PARA TI Y SOLO PARA TI
NO TENGO SECRETOS, PORQUE NO
EXISTE PENSAMIENTO
QUE NO HAYAS CONOCIDO
TRAIGO LO MEJOR DE MÍ Y TODO LO DEMÁS
A TI Y LO RINDO
CON TODO MI CORAZÓN QUIERO AMARTE, SEÑOR
Y VIVIR MI VIDA CADA DÍA PARA CONOCERTE MÁS
TODO LO QUE ESTÁ EN MÍ ES COMPLETAMENTE TUYO
TE SERVIRÉ SOLO CON TODO MI CORAZÓN
TÚ FIELMENTE SUPLES MIS NECESIDADES
CONFORME A TU PLAN
ASÍ QUE AYÚDAME, SEÑOR, A BUSCAR TU ROSTRO
ANTES DE QUE BUSQUE TU MANO
Y A CONFIAR QUE TÚ SABES LO QUE ES MEJOR PARA MÍ
CUANDO NO ENTIENDA
ENTONCES LO HAGA EN OBEDIENCIA
EN TODA CIRCUNSTANCIA

CUANDO ESTAMOS EN LA PRESENCIA DEL SEÑOR, NOS VOLVEMOS TRANSPARENTES Y HONESTOS, Y NUESTRO CORAZÓN Y NUESTRA ALMA CLAMA A ÉL

Cuando estamos en la presencia del Señor, nos volvemos transparentes y honestos, y nuestro corazón y nuestra alma clama a Él. Salmos 51:10-13 dice claramente cual debería ser la oración de nuestro corazón: "Crea en mí, oh Dios, un corazón limpio, y renueva un espíritu recto dentro de mí. No me eches de delante de ti, y no quites de mí tu santo Espíritu. Vuélveme el gozo de tu salvación, y espíritu noble me sustente. Entonces enseñaré a los transgresores tus caminos, y los pecadores se convertirán a ti". La Biblia *The Message* lo dice en lenguaje común:

Sumérgeme en tu lavandería y saldré limpio, tállame y tendré una vida blanca como la nieve. Sintonízame con canciones que hagan mover los pies, haz que estos huesos, que una vez fueron quebrantados, bailen. No me mires de cerca buscando manchas, dame un salvoconducto de salud. Dios, haz un nuevo comienzo en mí, produce una semana de creación en el caos de mi vida. No me tires a la basura, no falles en soplar santidad en mí. Tráeme de vuelta de un exilio gris, ¡pon viento fresco en mis velas! Empléame para enseñar a los rebeldes tus caminos para que los perdidos puedan encontrar su camino a casa.

Cuando Isaías vio a Dios, fue movido a confesar su pecado (Isaías 6). Cuando nuestra humanidad es confrontada con la magnificencia y santidad de Dios, nos hacemos concientes de nuestra necesidad de la gracia de Dios y Su poder limpiador en nuestra vida. Si tenemos rencor, enojo, celos o amargura, solo tenemos que pedirle a Dios que nos perdone, y Él lo removerá poderosamente de nuestro corazón. Romanos 12:1 nos enseña como vivir esta vida de adoración y amor: "Así que, hermanos, os ruego por las misericordias de Dios, que presentéis vuestros cuerpos en sacrificio vivo, santo, agradable a Dios, que es vuestro culto racional".

CUANDO LO ADORAS,

LA MÁSCARA ES REMOVIDA

Y LA VERDAD

ES REVELADA (...) ES

PRESENTADA AL PADRE (...)

SU PRESENCIA INVADE

TU SITUACIÓN

Y ENJUGA TUS LÁGRIMAS

CON SUS BESOS

Mientras adoramos a Dios, el Espíritu Santo gentilmente expone lo que hay en nuestro corazón. Él va a remover todas las capas sucias, todas las barreras protectores que hemos puesto allí, y hará nuestro corazón limpio y puro otra vez. ¡Es sorprendente ver lo que sucede en adoración!

Posiblemente usted no quiere que las capas de su corazón sean expuestas; posiblemente es un pensamiento que lo asusta. Pero Dios es un Dios amoroso y fiel, y quiere remover cualquier capa dañada de su corazón para que pueda ser restaurado. Él no va a humillarlo o lastimarlo, pero anhela que usted sea restaurado a un lugar de renovación completa en Él. Desde ese lugar de plenitud, usted puede ser todo lo que Él ha planeado que usted sea. Así que busque con pasión la presencia de Dios y permítale, en lugar de las personas a su alrededor, que trabaje en su corazón.

"No tendrá temor de malas noticias; su corazón está firme, confiado en Jehová. Asegurado está su corazón; no temerá, hasta que vea en sus enemigos su deseo", (Salmos 112:7-8).

Jesús puso el fundamento de la *vida* delante de nosotros cuando dijo: "Amarás al Señor tu Dios con todo tu corazón, y con toda tu alma, y con toda tu mente. Este es el primero y grande mandamiento", (Mateo 22:37-38).

El cántico del corazón que ama al Señor es la canción que resonará en el cielo.

Capítulo ocho

ESPERE LO INESPERADO

ESPERE LO INESPERADO

Aconteció un día, que él estaba enseñando, y estaban sentados
los fariseos y doctores de la ley, los cuales habían venido de
todas las aldeas de Galilea, y de Judea y Jerusalén;
y el poder del Señor estaba con él para sanar. Y sucedió que
unos hombres que traían en un lecho a un hombre que
estaba paralítico, procuraban llevarle adentro y ponerle
delante de él. Pero no hallando cómo hacerlo a causa
de la multitud, subieron encima de la casa, y por el tejado
le bajaron con el lecho, poniéndole en medio,
delante de Jesús.
Lucas 5:17-19

¡Me encanta esta historia de fe radical en acción! Me puedo imaginar la conversación de estos amigos compasivos mientras estaban afuera del edificio que albergaba la presencia del Salvador.

—¿Qué vamos a hacer para llevar a nuestro amigo a Jesús? –preguntó uno de los amigos del hombre enfermo al otro. Entonces una sonrisa se dibujó en el rostro de su compañero mientras contesta:

—¡Lo que sea necesario!

En un propósito unidos, haciendo equipo con determinación, se abrieron paso entre la multitud y escalaron la pared de la casa llevando el peso de su amigo en su espalda. "¡Lo que sea necesario!", asiente el otro mientras abren el techo. Estos adoradores excelentes bajaron a su amigo por el techo al regazo de Jesús. Y cuando Jesús vio la fe de esos creyentes radicales, dijo: "Hombre, tus pecados te son perdonados", (v. 20).

FE Y EXPECTACIÓN

Lo primero que usted puede traer a su adoración es fe radical y expectación. A Jesús le gusta cuando usted trae fe al santuario. Jesús sanó al hombre enfermo porque vio la fe de sus amigos. ¿No esperamos todos tener amigos excelentes como estos cuando necesitamos fe para un milagro?

¿Qué tipo de fe, qué tipo de expectación, lleva con usted al santuario? Su fe podría traer un milagro para alguien más. Si usted quiere ser un adorador excelente, pregúntese: "¿Con qué estoy contribuyendo a la reunión?". ¿Tengo entusiasmo por llegar a la iglesia cada domingo? ¿Llevo en el carro a mis amigos que necesitan ver a Jesús? ¿O voy lamentándome todo el camino a la iglesia, tarde para el ensayo del coro, y pongo mala cara cuando llego y tengo una actitud pésima? ¿Llego tarde, con la esperanza de que alguien más haya orado en la presencia de Dios?

SI USTED ESPERA OBTENER NADA, ES MUY PROBABLE QUE SU EXPECTATIVA SEA CUMPLIDA

Si usted trae al altar falta de fe, si usted espera obtener nada, es muy probable que su expectativa sea cumplida. Pero si trae fe, primero y sobre todo, *Jesús se mueve.*

Cuando pienso en lo que Jesucristo ha hecho en mi vida, me lleno de expectación por milagros para otros. Cuando pienso en la manera que me sentía antes de encontrar a Jesús (yo pensaba que ese era mi destino) que Jesús me salvó, lo que ha hecho dentro de mí, y donde me ha puesto ahora; cuando pienso en estas cosas, la fe se levanta y explota dentro de mí. Me entusiasmo de venir a la iglesia y ver Su presencia llenar el santuario mientras le adoramos.

Es posible que algunas personas teman que otros los vayan a juzgar si adoran a Dios públicamente. Posiblemente les preocupa que alguien critique su demostración radical de afecto al Señor y sean relegados como superficiales o vacíos. Pero no permita que lo que otros piensen le roben el disfrutar la presencia sobrenatural de Dios que viene cuando le adoramos desde las profundidades de nuestro corazón. La verdadera adoración no se trata de excitarnos en un frenesí emocional. Jesucristo es real, y lo que ha hecho en nosotros merece nuestra alabanza sin reservas. Lo que ha hecho en nuestra vida merece que nos levantemos a cualquier hora de la madrugada para adorarle. Si lo adoramos como Él se merece, estaremos llenos de fe, llenos de la gloria de Dios y llenos de Su presencia.

Cuando dirijo la adoración, pienso en las personas que se sientan en la congregación. Algunos han estado trabajando toda la semana. Algunos no han pasado ni un segundo con el Señor desde la reunión del último domingo. Algunos han estado despiertos toda la noche por causa de sus hijos. Algunos son personas sencillas y fieles. Me emociona saber que la adoración colectiva en la iglesia los ayudará a voltear sus ojos al Señor. Nuestro equipo de adoración nunca quiere dirigir a la gente hacia sí mismo; sencillamente queremos hacer todo lo que sea necesario para llevar a la gente a la presencia de Dios.

LA VERDADERA ADORACIÓN NO SE TRATA DE EXCITARNOS EN UN FRENESÍ EMOCIONAL

No dude en traer fe visible y expectativas exuberantes a su tiempo de adoración. No es superficial; es increíble. Me encanta que a Jesús le agradó que los hombres bajaran a su amigo a través del techo a Él. Me lo puedo imaginar diciendo: "¡Qué increíble!, me gusta su fe. *Veo* su fe; soy movido por su fe, así que, aquí tienen: sé sano".

GOZO

Nuestro pastor, Brian Houston, a menudo habla del "espíritu del zombi" en el santuario. Usted sabe, esa mirada opaca en los ojos de la gente que viene cuando olvidan lo que Dios ha hecho por ellos y hacia donde los está dirigiendo. Necesitamos traer gozo a nuestro tiempo de adoración. Si los visitantes no pueden ver la diferencia entre nuestra iglesia y el club de la esquina, entonces tenemos un problema. O, si el club tiene más éxito en traer alegría a la gente, ¡entonces tenemos un problema mayor!

Cuando usted entra en la congregación la mañana del domingo, ¿siente el impacto del gozo dentro de usted? El gozo del Señor es nuestra fuerza, y lo que Jesús ha hecho en su vida debería poner una sonrisa grandísima en su cara. La verdadera adoración nos llena de gozo a pesar de las circunstancias que nos rodean. No importa lo que esté enfrentando, todas las circunstancias deben postrarse delante de la Palabra de Dios, y esa verdad por sí sola debería poner gozo en su rostro.

NO FUNCIONA TENER UN EQUIPO DE PERSONAS DIRIGIENDO LA ALABANZA QUE TIENE CARA DE QUE NO SABEN SI ESTÁN EN EL LUGAR CORRECTO O NO

La Palabra dice: "Vosotros sois la luz del mundo; una ciudad asentada sobre un monte no se puede esconder. Ni se enciende una luz y se pone debajo de un almud, sino sobre el candelero, y alumbra a todos los que están en casa. Así alumbre vuestra luz delante de los hombres, para que vean vuestras buenas obras, y glorifiquen a vuestro Padre que está en los cielos", (Mateo 5:14-16). Algunas veces les sugiero a nuestros equipos de adoración que se pongan delante del espejo y practiquen el gozo. Algunas personas *piensan* que se ven gozosas, pero cuando se ven a sí mismos en un video se dan cuenta que están *escondiendo la luz* de sus verdaderos sentimientos por Dios.

Usted permita que el gozo del Señor se muestre en su rostro. Cuando Moisés descendió del monte Sinaí con los diez mandamientos en sus manos: "No sabía Moisés que la piel de su rostro resplandecía, después que hubo hablado con Dios", (Éxodo 34:29). Me gusta mucho pasar tiempo con Jesús, ¡literalmente se nota en la cara! Cuando la realidad de Jesucristo está dentro de usted liberándolo, se mostrará en su cara. No tenga miedo de permitir que la gloria del Señor brille a través de su vida.

Cuando hacemos audiciones para nuevos integrantes del coro, es verdad que deben ser capaces de cantar, pero la segunda cosa que buscamos es si la persona puede mostrar el gozo del Señor en su rostro. No funciona tener un equipo de personas dirigiendo la alabanza que tiene cara de que no saben si están en el lugar correcto o no. Cuando uno tiene a personas que son radicales por Cristo, y su gozo es visible, transforma a la iglesia. Es lo mismo para todos. Muchas veces los músicos y las personas que están al fondo de la plataforma piensa que no importa si el gozo del Señor está sobre su rostro, pero sí importa. Solo se necesita que la persona que está en la plataforma parezca un zombi para distraer a todos.

Imagínese que un incrédulo llegara a una iglesia en la que el gozo del Señor fuera visible en todos los rostros tanto en la plataforma como en las sillas. Imagínese el avivamiento que golpearía a esa iglesia. Usted tiene la capacidad de cambiar la atmósfera de su santuario al traer gozo liberador a su adoración. El gozo es un resultado natural de pasar tiempo en la presencia del Señor.

ESTOS EXTREMOS DE HECHO ATRAEN MÁS LA ATENCIÓN A LOS ADORADORES QUE A AQUEL QUE ESTÁ SIENDO ADORADO

EL FLUIR DE LA ADORACIÓN SOBRE LA PLATAFORMA

Me he dado cuenta que existe un fluir natural para la adoración. Hay una intensa y entusiasta alabanza, y luego una profunda y rica adoración.

Pero siempre hay gozo y una gran expectación. Hay extremos en algunos estilos de adoración colectiva que pueden evitar que la gente participe en adoración que es espiritual y verdadera. Cuando animo a la gente a abandonar sus reservas y adorar al Señor, quiero equilibrar esa exhortación con la precaución de que la adoración debe ser ordenada y dirigida por el Espíritu Santo, quien no es autor de confusión.

Nuestro equipo es cuidadoso de no ser demasiado reflexivo o demasiado estrepitoso, porque queremos *atraer a todas las personas* al Señor. No queremos llamar la atención a nosotros mismos o dejar al margen del Evangelio a nadie por tratar de montar un espectáculo en el santuario.

LAS VISITACIONES SOBERANAS DEL SEÑOR OCURREN, PERO NO TRATE DE PRODUCIRLAS

De modo que tenemos dos extremos que compiten entre sí: el *espíritu del zombi* y lo que yo llamo *sudar sangre*. He estado en algunas reuniones en las que el equipo de alabanza explota en alabanza y media hora después siguen a toda velocidad. No descansan ni por un momento, y parece como si sus venas estuvieran a punto de reventar y que podría comenzar a fluir sangre a través del sudor que baña los rostros de la gente. ¡Cuando las personas de la iglesia parece que están en estado de choque, la adoración ya no es espiritual! Esos ejercicios aeróbicos ciertamente van a cohibir a las personas. El otro extremo es cuando la gente entra en el tipo de adoración melancólica y reflexiva y se olvidan de que no están solos en el lugar. Cuando la gente parece ser más baja que gusanos, su adoración deja de ser verdadera.

Estos extremos de hecho atraen más la atención a los adoradores que a Aquel que está siendo adorado. Cuando el Espíritu Santo dirige a la gente en adoración hay un fluir natural de los tiempos de alabanza exuberante y adoración profunda que edifica el espíritu de los que participan.

Si usted tiene el privilegio de dirigir la adoración, sea considerado con el tiempo. La *alabanza libre* no necesita seguir y seguir por horas. Lo asombrosa que sea una reunión no depende de lo mucho que dure. Las visitaciones soberanas del Señor ocurren, pero no trate de producirlas. ¡No ayuda para edificar a la iglesia si el equipo de adoración se la está pasando de maravilla o ignora totalmente el hecho de que todos los demás en la iglesia se han quedado dormidos o se fueron a tomar un café!

En Hillsong Church, tenemos momentos extremos de alabanza, y luego a menudo los contenemos para que la gente pueda escuchar la voz de Dios hablándoles en la quietud de Su presencia. ¡Algunas veces los adoradores pasan por encima de lo que Dios está tratando de decirles! Pero con ese fluir continuo de la adoración, estamos aspirando a mantener a todos unidos, porque queremos ver a *todos* involucrarse en traer su adoración delante del Rey. En la adoración colectiva necesitamos abrir nuestros oídos espirituales y musicales para guiar a las multitudes en una genuina expresión de amor y adoración a nuestro Salvador.

CONOZCA LO QUE SU PASTOR ESPERA

Entre más ame adorar al Señor, es más probable que usted forme parte de un equipo de adoración, y si la reunión de su iglesia es televisada, que sea visto por el mundo como un integrante del equipo de adoración. Aunque el capítulo está dirigido en su mayoría a aquellos que dirigen equipos de adoración, confío en que los adoradores individuales van a obtener conocimiento de estas páginas que reforzará la sinceridad de su adoración.

Para aquellos que dirigen o sirven en equipos de adoración: les recomiendo averiguar lo que su pastor espera de ustedes. Para el adorador individual que quiere apoyar más el mover del Espíritu desde su lugar en el santuario, esta sección le va a ilustrar algunos de los requerimientos que son necesarios para mantener el orden en la reunión y para que usted sepa por qué es importante seguir la dirección de su pastor. Le doy gracias a Dios que trabajamos con un pastor que sabe lo que quiere de su equipo de adoración. Él espera que estemos llenos de fe para la reunión y que traigamos excelencia al santuario.

La cosa más difícil que encuentro cuando visito otras congregaciones es que los líderes de música no siempre saben lo que su pastor quiere del tiempo de adoración. Me estoy refiriendo aquí a detalles como: si cantar o no durante los llamados a que la gente pase al frente y en las ofrendas. Los llamados al frente son momentos divinos, sin embargo, si un micrófono chilla o un bebé llora, parece que siempre sucede en los momentos más sensibles de la adoración. Un equipo de adoración debe saber cómo apoyar a su pastor a través de todo el servicio.

Los adoradores no se pueden relajar o sentarse y soñar despiertos durante el llamado al frente; este es un tiempo en el que debemos orar al Señor. Los músicos pueden comenzar a tocar, y entonces cuando el pastor nos indique que cantemos, estemos listos para edificar la fe en esa reunión a través de nuestra alabanza. Los adoradores en la plataforma y en el santuario son llamados a orar y a estar listos para apoyar al pastor mientras dirige el servicio.

Es necesario que apoye a su pastor. Cuando él llame a la congregación a orar, colabore con fe y sensibilidad al Espíritu Santo. Ciña lo que el pastor está haciendo y ayúdelo a sacar la red. Echamos nuestras redes espirituales con nuestras canciones de alabanza, y luego observamos con asombro como Dios atrae a la gente a sí mismo. La música que expresa lo que está sucediendo espiritualmente tiene una poderosa dinámica adherida a ella: es entonces cuando está siendo usada para su propósito original.

Nuestra ofrenda es una parte importante de la adoración, y otra vez, necesitamos traer nuestra fe a esta parte de la reunión. No es el momento para saludar a nuestros amigos de la cuarta fila. ¡No es el momento para que los músicos practiquen ese puente musical difícil de la canción nueva! Los adoradores deben estar firmes, llenos de fe y atentos, para apoyar lo que el pastor está diciendo y haciendo. Mantenga su corazón listo para adorar y conozca lo que su pastor espera; y si no lo conoce, ¡pregúntele!

APRENDA CÓMO ESCUCHAR, OBSERVAR Y ESTAR ATENTO

Mientras adora a Dios con todo su ser, tenga puesto "un ojo en el gato y otro en el garabato". Es tan fácil entregarse en adoración y olvidarse de todo, pero mientras eso pueda ser increíble para usted, fácilmente podría perderse de un gran momento. Esté atento de lo que está sucediendo colectivamente en el servicio, sea que usted esté en la plataforma o sentado en la congregación. Los líderes de adoración tienen la responsabilidad de llevar a la gente a la presencia de Dios *juntos* como equipo. Cosas como los cambios de tono y el final de las canciones son vitales. Musicalmente, si sucede un "descarrilamiento", a menudo sucede porque alguien en la plataforma no estaba viendo, escuchando o no estaba alerta. Cuando no estamos alertas a lo que está sucediendo a nuestro alrededor en nuestra vida personal, podemos meternos en problemas. Descubrí esto un día cuando recibí una llamada a la oficina en la que me dejaron saber que la policía me estaba buscando en la casa. En la gasolinera esa mañana, había estado hablando por teléfono, perdida en una conversación tranquila e intensa, que ya llevaba un largo rato. Aparentemente incluso llené el tanque mientras seguía hablando por teléfono (¡y eso es verdaderamente peligroso!) y después ¡me fui sin pagar! ¡La policía me dijo todo esto porque me habían visto en un video! ¡No había pagado la gasolina que le había puesto a mi carro esa mañana! ¡Ahora era una dirigente de adoración *y* una criminal! ¡Nunca había hecho eso antes en mi vida!

La policía fue a mi casa, y Melinda (que es increíble y me ayuda con los niños) tuvo el gran deleite de recibir a la policía en la casa. Luego les tuve que explicar que yo no era una ladrona. Estaba tan imbuida en lo que estaba haciendo que ni siquiera se me ocurrió que no había pagado. Ni siquiera lo pensé; simplemente me subí al carro y me fui a la iglesia, ¡qué vergüenza!

Asimismo, podemos estar tan imbuidos en amar a Jesús durante el tiempo de adoración que olvidemos nuestras responsabilidades a nuestro alrededor. Es maravilloso disfrutar lo que estamos haciendo, pero cuando la mitad de los músicos cambian de tono y la otra no, toda la congregación se desliza a una pausa, mientras esperan que los músicos regresen al coro y los cantantes vuelvan a cantar desde el principio. Cuando esto sucede, quitamos los ojos de Jesús.

GRAN PRODUCCIÓN, LUZ Y SONIDO

Los seres humanos son criaturas sorprendentes: parece que necesitan que todo sea *perfetco* para tener una reunión excelente en la iglesia. ¡Cómo líderes sabemos que una producción deficiente hace que la reunión sea horrible! Cuando el sonido está demasiado alto, es una distracción. Cuando está demasiado baja, hay distracciones. Cuando el sonido está chillando, es una distracción. Cuando la iluminación es oscura, hace que la gente se sienta adormilada. ¡Si creamos un ambiente de alcoba, la gente simplemente se va a sentar, y va a cabecear durante toda la predicación! Si el aire acondicionado está demasiado cálido, la gente se adormece y demasiado frío los pone de mal humor. Cosas como estás le restan a tener un servicio excelente de adoración.

Si el micrófono de solapa del predicador no está funcionando, resta. Detiene el movimiento. Detiene el fluir del servicio. La gente quita sus ojos de Jesús. Así que es crítico que trabajemos en tener todos los elementos en orden. Las personas de producción son una parte tan crítica del equipo de adoración como el líder de adoración. Sin ellos, nada puede ser visto o escuchado. Una cosa que me gusta mucho de nuestro equipo de producción en Hillsong es que están llenos de entusiasmo. El entusiasmo esta fundamentado en creer fuertemente en algo: algo convincente. Esa fe y convicción traen poder: un deseo ardiente por poner nuestros pensamientos y lo que creemos en acción.

Es fácil caminar en el centro de la avenida y ser un mediocre. Cuando alguien se atreve a romper filas y entusiasmarse acerca de algo, siempre va a haber alguien que piense que no está siendo realista o que es un obsesivo. ¿A quién le importa? La verdad es que la gente que está obsesionada o no es realista acerca de una idea logra más que las personas sin entusiasmo. Colosense 3:23 dice: "Y todo lo que hagáis, hacedlo de corazón, como para el Señor y no para los hombres". Dave Watson, el gerente de producción de Hillsong Church, ha traído mucho entusiasmo al equipo que ha incrementado en número, y ha roto el molde de lo que se espera que sea un equipo piadoso de producción.

Como un excelente adorador que usted es, le animo a que mantenga los ojos en Jesús, aun y cuando todas las cosas técnicas de sonido e iluminación fallen. No permita que las distracciones eviten que usted vea la belleza del Señor. Su entusiasmo va a ministrar al equipo de adoración mientras trabaja por regresar al carril de la excelencia.

PASIÓN

¿Tiene pasión por Jesucristo? Veo mi Biblia en la mañana y comienzo a llorar. Contiene todas las respuestas a la vida que voy a necesitar. La veo y ella guarda todo eso allí para mí. Constantemente recuerdo a través de ella lo que Dios hizo para salvarnos y liberarnos. Permítase pensar en el Señor y en lo que *Él ha hecho*. Permita que la pasión por el Señor se levante dentro de usted; permita que la pasión sea el combustible que lo impulse a usted y lo que usted hace.

Cada vez que me salgo del carril y trato de correr con mi propio vapor, es porque he quitado mis ojos de Jesús y he dejado que mi pasión por Él comience a decaer. La pasión por el Señor no se encuentra solo en una plataforma. Para ser hermosamente apasionado de la verdad de la Palabra de Dios, usted debe *conocerle* en realidad.

¿Qué puede matar nuestra pasión? Piénselo en el contexto del matrimonio. ¿Cuáles son algunos mata-pasiones en las relaciones? La falta de interés, indiferencia y estar demasiado ocupados para tomarse un tiempo juntos, destruyen la pasión. Un mata-pasiones inmenso es cuando la pareja dice: "Oh, mi amor, te amo", pero el otro está en su propio mundo en alguna parte y no está escuchando. La distracción es un mata-pasiones.

Mark y yo tenemos la regla de que cuando entramos a la alcoba, no hablamos del trabajo, porque honramos la intimidad de nuestra relación.

Si saltamos a la cama mientras nos quejamos del trabajo y otros sucesos del día, y luego tratamos de apasionarnos... ya lo adivinaron, no hay nada para ninguno de los dos. Nuestra pasión deja la habitación cuando la queja comienza. ¿Puede ver lo que estoy diciendo?

CUANDO ADORAMOS AL DIOS VIVIENTE, NO QUEREMOS QUE NOS ENCUENTRE ACTUANDO

Es mejor pasar tiempo en intimidad con el Señor. No esté demasiado ocupado y vaya a Él quejándose, y le dé su lista de las diez cosas principales que necesita y después diga: "Amén". Vaya a Él, déle gracias, y permítale amarlo de vuelta.

NO HABLE DEMASIADO

Cuando me preguntan, siempre les digo a los líderes de adoración: "No hable demasiado". Demasiado de algo grande le quita la grandeza. *Dirigimos* la adoración al ser los primeros en adorar. El pastor va a predicar el mensaje. Si alguna vez nos pide que prediquemos, será un gran honor y privilegio —y haremos un trabajo estupendo— pero hasta que venga esa invitación, debemos atenernos a dirigir la adoración y a hacer lo que se nos ha pedido que hagamos. Comprométase con toda la reunión y no solo con su propio papel. Si solo se compromete con sus propias responsabilidades, y se olvida de todo lo demás, ¿entonces en qué está contribuyendo realmente?

SEA GENUINO

Los adoradores excelentes son genuinos. La mentalidad de la actuación se debe someter al servicio del Cuerpo de Cristo. Cuando adoramos al Dios viviente, no queremos que nos encuentre actuando. Necesitamos ser genuinos en nuestro propósito de adoración.

El mundo puede notar cuando alguien está fingiendo. Sea un adorador excelente cuya búsqueda de Dios sea genuina en compromiso.

Entonces si la gente llega a verlo cuando este adorando al Señor se va a enamorar de Jesús otra vez.

NADA DE ESTRELLAS

En el congreso Hillsong, hicimos una pequeña puesta en escena comiquísima para ilustrar el triste estado de los adoradores que quieren la atención para sí mismos. La obra comienza con el grupo fiel de producción y algunos cantantes y músicos en el escenario. Llegan temprano a la plataforma para ensayar y preparar el escenario, etc., y después de que el servicio comienza, entra el director de adoración buscando su micrófono, quejándose por el chillido en las bocinas y ¡pidiendo un vaso de agua! Fue gracioso, y un poco tenebroso, porque cuando les pregunte a los participantes del congreso si esto se parecía en algo a su experiencia en la vida real, ¡muchísimas personas levantaron la mano!

La actitud de *estrella* es tan sutil. Le susurra al corazón fuera de guardia del adorador: *Hombre, esta iglesia no sería tan buena si yo no estuviera aquí. Si solo la iglesia supiera lo que tienen al tenerme aquí a mí. A todos los pastores les pagan, ¡no me deberían pagar a mí por todo lo que hago! ¿Qué no saben lo que valgo?*

La actitud de estrella que dice: "Mírame, mírame", no glorifica a Dios. La gente es promovida por su fidelidad y el llamado de Dios en su vida. Los adoradores excelentes nunca buscan una promoción, pero se les enviste de honra de parte del Señor. La adoración es soberana. La historia en Lucas 14:17-21 habla de un hombre que envió a su siervo para decirles a los invitados al banquete: "Vengan, todo está listo".

Pero todos comenzaron a dar excusas.

El primero dijo: "Discúlpenme, pero acabo de comprar un campo y debo ir a verlo".

Otro dijo. "Acabo de comprar cinco yuntas de bueyes, y voy en camino a probarlas. Por favor discúlpenme".

Otro más dijo: "Me acabo de casar, por eso no puedo ir".

El siervo regresó y le reportó esto a su señor. Entonces el dueño de la casa se enojó y le ordenó a su siervo: "Ve rápidamente a las calles y a los callejones del pueblo y trae a los pobres, los cojos, los ciegos y los paralíticos". La gente que estaba demasiado ocupada para asistir al banquete podría ser cualquiera de nosotros. Pero también podríamos ser una de las personas que dejó todo para venir al banquete del Señor y decir: "Sí, voy a ir. Amo a Jesús, tengo este pequeño talento; necesita pulirse un poco, pero lo tengo y voy a trabajar en él. Sí, ¡lo voy a hacer!". Jesús toma a personas ordinarias comprometidas con Él, comprometidas con Su plan y Su propósito, y las usa.

Cuando viajo me encuentro con personas que parecen desesperadas por reconocimiento. No se sienta como que se van a olvidar de usted. Sea fiel, busque las cosas de Dios; sea genuino, sea apasionado en su búsqueda, y *confíe* en Dios.

"Ni es de los ligeros la carrera, ni la guerra de los fuertes, ni aun de los sabios el pan, ni de los prudentes las riquezas, ni de los elocuentes el favor; sino que tiempo y ocasión acontecen a todos", (Eclesiastés 9:11).

Por favor, huya de la actitud de estrella. Huya de hacer las cosas en la iglesia por reconocimiento, y comprométase a edificar a la iglesia: el faro de Dios para el mundo. Dios va a responder las necesidades en la tierra hoy a través de personas como usted y como yo. Los tipos ordinarios de todos los días que dicen: "Discúlpenme, pero me gustaría hacer algo para el Señor. Si me pueden ocupar, ¡siéntanse libres de hacerlo!".

Jesús dijo: "El que quiera hacerse grande entre vosotros será vuestro servidor, y el que quiera ser el primero entre vosotros será vuestro siervo; como el Hijo del Hombre no vino para ser servido, sino para servir, y para dar su vida en rescate por muchos", (Mateo 20:26-28). ¡Dios honra a los siervos no a las estrellas!

LA HISTORIA DE ERICA

Esta historia es propiedad de Erica Crocker, una de mis grandes amigas, quien es una cantante tremenda y una parte clave de nuestro equipo. Esta es su historia acerca de caminar por la avenida de la *estrella:*

Básicamente, cuando llegué a la iglesia, entré al coro, y un par de semanas después de haber entrado pregunté si podía ser una cantante con micrófono. Vengo de una familia de artistas (creo que traía el espíritu de artista en mí). En realidad me tomó tres años y medio antes de que pudiera cantar al frente, porque Dios tenía que obrar en mí.

Todos los *enemigos de la plataforma* de los que Darlene ha hablado... ¡yo los tenía, y Él tuvo que trabajar para deshacer a cada uno de ellos! Así que estaba en el coro, y mi papá solía decirme: "Si puedes ver la cámara, la cámara te puede ver a tí". Así que la cámara solía pasar cruzando el frente, y yo solía asegurarme de estar en la primera fila del coro. Estaría cantando normalmente, pero si veía la cámara venir, estaría realmente "adorando a Dios". Bueno, con un ojo. Porque el otro lo tenía fijo en el monitor de video ¡para asegurarme de que me viera bien!

Entonces, de pronto, un día el líder del coro descubrió que yo era demasiado alta para estar en la primera fila porque había personas no tan altas detrás de mí, así que me envió a la fila de hasta atrás del coro. Odiaba pararme hasta atrás porque... ¡oye, la cámara no te puede ver si estás en la última fila del coro! Así que, solía llegar temprano y me paraba al frente y me encorvaba un poco para hacerme más baja. Me salía con la mía en el ensayo, pero una vez que comenzábamos, me empezaban a doler las rodillas, y entonces venía: "Oye, Crocker... ¡pásate para atrás!".

Así que terminé en la última fila muchas veces. Incluso cuando estaba allá atrás trataba de pararme en la esquina para que todavía pudiera ser vista...

Bueno... un día estaba en la última fila (no estaba al final de la fila, así que la cámara no me podía ver) y yo estaba molesta con la persona que estaba dirigiendo el coro. Así que estaba hasta atrás, escondida detrás de alguien para que no me pudiera ver y yo no la viera a ella.

Así que allí estaba, "adorando a Dios" (¡Ja!) y el director de alabanza comenzó a leer un versículo bíblico acerca de las lenguas de fuego, y en ese momento comenzaron a salir fuegos artificiales, y todo salió como que "súper bien"... y Dios abrió mis oídos. Comenzamos a cantar la canción y mientras cantaba, la música era tan increíble. Estaba rodeada de cantantes cantando con sinceridad a Dios. Estoy segura de que siempre había sido así, pero nunca lo había escuchado antes. De pronto mis oídos fueron abiertos (posiblemente los tenía tapados y la explosión me los destapó), y estaba allí, y Dios habló a mi espíritu, y dijo: "¿Por qué estás aquí?". Así que le respondí y le dije: "¿A qué te refieres? Estoy aquí cantando, cantando en este coro". Entonces me dijo: "No, de eso no es de lo que se trata. Tú estás aquí para adorarme, y vamos a estar adorando por siempre y siempre. Y la idea es que la gente allá afuera está adorando; no viéndote, me están viendo a mí. No importa donde estés, si estás en la plataforma, al frente siendo un cantante de fondo, en el estacionamiento, o en la congregación, estás aquí para adorarme". Desde ese día en adelante mi vida cambió. Los ensayos de los miércoles ya no eran opcionales para mí. Yo estaba allí para todo, siempre, "Sí señor, si señora, ahí estoy, para lo que se ofrezca". Así que esa es mi historia.

Erica es la mejor. Creo que tiene las agallas de ser tan honesta, ¡porque todos hemos pasado por allí! Dios cambió ese espíritu que quería que todos la vieran: "Mírenme, mírenme", para que pudiera adorarle sin reservas con excelencia en espíritu y verdad. ¡Increíble! *Te amo,* Erica Crocker, estoy tan contenta de que Dios nos haya puesto juntas.

AME AL SEÑOR MÁS QUE A SU DON

Al amar al Señor más que su don mantiene la adoración en la perspectiva correcta. Nos frustramos cuando nos volvemos demasiado reflexivos, viendo nuestro talento y preguntándonos por qué no está siendo usado de la manera que queremos que sea usado. Entonces nos juntamos con otras personas que se sienten de la misma forma, y compartimos nuestras frustraciones y empezamos a caminar por la vía de la amargura. Nuestro desaliento, chisme y amargura siempre encuentran amigos. ¡El hecho de que podamos encontrar a alguien que esté de acuerdo con nosotros *no* es una confirmación de parte de Dios de que lo que estamos sintiendo está bien! ¡No importa de qué nos quejemos, siempre vamos a encontrar a alguien con la misma actitud que va a estar contenta de estar de acuerdo con nosotros porque la hace sentir mejor! Ese es en realidad un camino peligroso por el cual andar.

Es bueno que nos disciplinemos a poner los ojos en el Señor. Si Dios quiere hacer dar a luz cosas increíbles en usted, ningún hombre puede interponerse en lo que Dios quiere hacer. Dios es nuestro promotor.

"Porque ni de oriente ni de occidente, ni del desierto viene el enaltecimiento. Mas Dios es el juez; a éste humilla, y a aquél enaltece", (Salmos 75:6-7).

Dios espera que usted sea fiel con lo que Él ha puesto en su manos, porque al final, todo es acerca de Jesús.

CONSEJOS PRÁCTICOS PARA ADORADORES EXCELENTES

El otro día encontré esta carta que envié a todos los dirigentes de alabanza y directores de música de Hillsong Church. Esto es palabra por palabra lo que les escribí, y puede darle un poco de más luz acerca de algunas de las expectativas que tenemos para nuestro equipo, pero sus principios se aplican a todos los que anhelan ser excelentes adoradores de Jesús:

Queridos dirigentes de alabanza y directores de música:
Con el comenzar de cada nuevo día, estoy críticamente conciente del poder de alabar y adorar a nuestro querido Señor Jesús.
¡La temperatura espiritual continúa subiendo y la batalla

entre el cielo y el infierno por la vida de la gente preciosa SIGUE! Así que...

Espiritualmente...

Permanezcan cerca de Dios... cuando están en Su presencia, ustedes se vuelven tan concientes de que: "Mayor es el que está en mí, que el que está en el mundo" que la brega cesa... uno se comienza a relajar y a permitir que lo que uno es en Cristo ¡BRILLE!

Incrementen su dedicación a la oración, y a levantar el servicio continuamente al Señor en oración.

Entiendan que no pueden ser guiados por sentimientos, ya que a menudo podemos sentir que el servicio estuvo PLANO, etc., pero el Espíritu Santo vive y se está moviendo en el corazón y en la vida de la gente. Dirijan desde una posición de FE, un compromiso inamovible con lo invisible.

Liderazgo...

Quien sea que dirija la adoración es la persona a la que se le ha dado la autoridad para DIRIGIR en la dirección que sienta. Ellos me responden directamente a mí y al pastor Brian.

El director de música debe apoyar con todo su corazón al líder de adoración en cualquier decisión que tome... vaya de acuerdo con su opinión personal o no.

Creo que la UNIDAD (el compromiso con ser uno, lo cual continuamente lleva a morir a uno mismo, CEDER, ¡todas las cosas DIFÍCILES!) provocará un gran DAÑO al campamento del enemigo y traerá efectividad incesante en el Reino de Dios. En Salmos 133, el aceite de la unción, descrito como resultado de la unidad, también es considerado COSTOSO... tiene un costo personal muy alto. ¡Manténgase comprometidos con ella!

Dirijan con el ejemplo, sean serviciales en la reunión, amen a su equipo, sean PUNTUALES, PREPÁRENSE musicalmente, ¡estén listos para todo! Entre más preparación le dediquen al ensayo, más espacio tendrán para lo profético, tocar lo inesperado, liberar

*los "MOMENTOS" en la vida de la iglesia que hacen un servicio
especial.*

RECUERDEN,

Son parte de un equipo campeón.

*Pertenecen a una familia que está comprometida con ver el
propósito de Dios para su vida desarrollarse.*

*Son grandemente apreciados y amados, no solo por lo que
traen a la casa... ¡sino por QUIÉNES SON USTEDES EN CRISTO!*

*Tengan una noche maravillosa y oren por "compenetración"
que el Espíritu de Dios se sienta en casa en este proyecto (álbum).*

Los amo entrañablemente,

Darlene

LO QUE UNO TRAE AL SERVICIO
DE ADORACIÓN

El adorar es un privilegio divino, y con ese privilegio viene una gran responsabilidad de mostrar generosidad a otros en el Cuerpo de Cristo a través de todo lo que hacemos. Nunca debemos dejar la adoración a los pastores o dirigentes de alabanza. Todos debemos aprender a ser adoradores excelentes, sin reservas, generosos en nuestro servicio el uno al otro y generosos en nuestra expresión de amor los unos a los otros; esto cambiará la dinámica de esta cosecha.

Capítulo nueve

MÚSICA
ETERNA

MÚSICA
ETERNA

Desde el principio de los tiempos Dios ha sido adorado con música y alabanza. Incluso cuando Dios estableció los fundamentos de la tierra: "Alababan todas las estrellas del alba, y se regocijaban todos los hijos de Dios", (Job 38:4-7). El primer relato que tenemos del pueblo de Dios alabándole con música es cuando Moisés y los israelitas cantaron un increíble himno de alabanza, dándole gracias a Dios por Su espectacular victoria sobre Faraón y su ejército. Sus gritos de júbilo seguramente se escucharon victoriosamente al cantar: "Jehová es mi fortaleza y mi cántico, y ha sido mi salvación. Este es mi Dios, y lo alabaré; Dios de mi padre, y lo enalteceré", (Éxodo 15:1-7). El canto fue la respuesta inmediata de los hijos de Israel a la liberación increíble de Dios. Observe que nunca cantaron el uno al otro, sino que respondieron al Señor en un cántico de alabanza a Él.

La música es una fuerza poderosa, creada por Dios para tocar el centro mismo de una persona como ninguna otra cosa puede hacerlo. Estoy tan agradecida de haber sido rodeada del magnífico sonido de la música toda mi vida. Desde el día que nací, la música ha ejercido una increíble atracción en mi vida. He cantado tantas melodías. Mis padres ambos cantaban, y mis hermanos y mi hermana todos cantan. He danzado desde que tengo memoria; aprendí jazz, tap y ballet durante nueve años; y he estudiado piano y voz desde los cinco años a la fecha. Cuando era joven, escribí muchas tonadas sencillas, y soñaba en un día presentar esas ideas musicales a alguien más aparte de mí. Tenía muchos sueños, pero ninguno de ellos me hacía sentido hasta que finalmente conocí a Jesús, mi Creador de sueños. Al conocerlo a Él, finalmente entendí la razón por la que tenía este sueño. Entre más lo conozco, más comprendo el poder de la música que es tan real dentro de mí.

La primer canción de adoración que escribí fue después de que fui salva a los 15 años. Nuestra congregación la cantó una noche, y en lugar de sentirme halagada de escuchar mi canción siendo cantada, la responsabilidad de poner una canción de alabanza y adoración en el corazón de otra persona me abrumó. En lugar de eso, ¡por los siguientes cinco años escribí canciones románticas sentimentales! No escribí otra canción de adoración hasta que entendí más acerca del poder de adorar a Dios "en espíritu y en verdad".

LA MÚSICA ES UNA FUERZA PODEROSA, CREADA POR DIOS PARA TOCAR EL CENTRO MISMO DE UNA PERSONA COMO NINGUNA OTRA COSA PUEDE HACERLO

Miles de canciones nuevas se escriben acerca de nuestro Rey todos los días, ¡lo cual es increíble! ¡Algunas veces siento que todas ellas caen sobre mi escritorio en la forma de una cinta de demostración! Algunas son enviadas con entusiasmo por músicos asombrosos alrededor del mundo que piden dirección o una opinión, otras son de los escritores de Hillsong que están prestando oído al cielo deseando traer un sonido fresco a la tierra. Algunas son obras maestras musicales y algunas son increíblemente sencillas en la forma que toman, pero estoy continuamente sorprendida por las ideas, aparentemente, interminables y las melodías y letras sin fin que mueven el alma y que son compuestas por escritores que quieren describir la maravilla de nuestro Rey.

No digo ser la más capaz o la más conocedora del arte de la composición, pero sí puedo distinguir las canciones que le pueden dar a la iglesia un nuevo mensaje que cantar. La iglesia siempre abraza nuevas melodías que permitan a los adoradores expresar el cántico de su corazón a nuestro Señor y Rey. De vez en cuando Dios sopla Su unción en una canción, y este encuentra su camino para llegar a las bocas, mentes y corazones de las congregaciones de todo el mundo.

Los himnos del siglo veintiuno están siendo escritos y cantados por multitudes que desafían las barreras generacionales. Estas canciones son hechas accesibles para ser cantadas por incluso la persona menos musical, y encienden pasión y fuego dentro de todos los que entran en la expresión de su alabanza. Los compositores como Matt Redman, Martin Smith y Reuben Morgan, por mencionar algunos, tienen la habilidad de escribir canciones que provocan que el espíritu humano reaccione en una forma poderosa. Sus canciones no nos permiten seguir siendo iguales.

El Señor está enviando canciones nuevas para que las cantemos. Son canciones proféticas. Son cánticos de alabanza. Son cantos de unidad, canciones de intimidad y cánticos de guerra. Se están levantando entre nosotros, restaurando la paz y la rectitud. Son canciones de gracia y perdón, cánticos de misericordia y compasión, cantos de fuerza y justicia, y melodías de poder y dominio. El sonido de la adoración está siendo restaurado al lugar que le corresponde y siendo ofrecida a Su único Beneficiario.

Mientras abrazamos estas canciones nuevas, recordemos también los grandes himnos escritos a través de los siglos por leyendas como Carlos Wesley, quien escribió

LAS CANCIONES QUE VERDADERAMENTE CONECTAN EL ESPÍRITU DEL HOMBRE CON SU CREADOR SIEMPRE VAN A SER DADAS A LUZ A TRAVÉS DEL MUY USADO SENDERO AL TRONO DE DIOS, UN CAMINO QUE EL COMPOSITOR HA TRANSITADO DE IDA Y VUELTA MUCHAS VECES

aproximadamente seis mil quinientos himnos. Carlos era un compositor fenomenal y escribió canciones que inspiran el asombro como "Oíd un son en alta esfera" y "O for a thousand tongues to sing".

Un compositor podría asistir a cientos de clases acerca de cómo escribir canciones de "éxito", pero la técnica es solo parte de la comisión del compositor cuando se trata de traer el sonido del cielo a la tierra. Uno no escribe canciones celestiales por accidente. Las canciones que verdaderamente conectan el espíritu del hombre con su Creador siempre van a ser dadas a luz a través del muy usado sendero al trono de Dios, un camino que el compositor ha transitado de ida vuelta muchas veces.

UN MÚSICO CRISTIANO INTUITIVAMENTE CONOCE LA DIFERENCIA ENTRE SIMPLEMENTE TOCAR MÚSICA Y TOCAR MÚSICA QUE TOQUE EL CORAZÓN DE DIOS

Mi oración es que traigamos el sonido del cielo a la tierra, que dejemos que: venga su reino y se haga su voluntad, como en el cielo, así también en la tierra. No necesitamos esperar a que el mundo produzca un nuevo sonido para que lo copiemos lo mejor que podamos. He escuchado algunas canciones piadosas sorprendentemente buenas en la radio secular últimamente, y sé que la mayoría de los compositores no saben a qué se conectaron. Estas canciones de los compositores incrédulos que tocan el corazón de Dios son ejemplos de *las piedras clamando* (Lucas 19:40) para adorarle. No debemos permitir que las piedras de la tierra alaben a Dios más que aquellos que lo conocemos.

La Palabra dice: "Porque el anhelo ardiente de la creación es el aguardar la manifestación de los hijos de Dios", (Romanos 8:19). Más canciones deben ser dadas a luz por el pleno conocimiento que nosotros, como los verdaderos hijos e hijas de Dios, tenemos de Él. ¡Dios debe ser alabado!

Debemos tomar nuestros lugares correspondientes en este coro de alaban-za para que la gloria del Señor sea vista por toda la tierra. Un músico cris-tiano intuitivamente conoce la diferencia entre simplemente tocas música y tocar música que toque el corazón de Dios.   Un compositor en el Rei-no debe tener un corazón que busca las cosas de Dios y *no* las alabanzas de los hombres.

Mark y yo fuimos invitados a asistir a una cena para compositores en los Estados Unidos, en donde se reunieron compositores a quienes había admirado desde hace mucho para honrar a los compositores cristianos del siglo, Bill y Gloria Gaither. Amy Grant y su esposo Vince y Michael W. Smith presentaron un popurrí poderoso de algunas de las canciones favo-ritas de los Gaither. Mark y yo fuimos ministrados cuando cantaron can-ción, tras canción como: "Porque vive Él, puedo vivir el mañana", "Jesus, Jesus, there is something about that name", "Something beautiful" y "El Rey ya viene".

Le doy gracias a Dios por esta pareja piadosa, quienes escribieron la música y las canciones de alabanza que fueron como la banda sonora de mi propia historia de salvación. No es necesario decir, que Mark y yo lloramos mientras éramos recordados de la grandeza de Dios en nuestra vida; y todo lo que tenemos que agradecerle.

En Hillsong, aun y con todos los proyectos de grabación que hacemos y las nuevas canciones que grabamos, siempre animo a nuestros composi-tores a nunca convertirse en escritores por proyecto. Siempre debemos ser compositores celestiales cuyos corazones estén desesperados por atrapar el *cántico nuevo* en todo lo que escribamos. Debe permanecer una pasión en nuestras canciones por ser puros en espíritu y verdad, sea que una canción sea para ser cantada a miles o a una audiencia de Uno. No quiero escribir canciones que suenen como cantos que ya hayamos escuchado o canciones que suenen como el último éxito de la radio. Busco canciones que traigan un sonido fresco profético, algo directo del corazón del Padre.

Es una noche magnífica cuando grabamos un álbum en vivo. Esa noche es una instantánea de doce meses de crecimiento en el corazón de una

JESÚS, QUÉ HERMOSO NOMBRE

JESÚS, QUÉ HERMOSO NOMBRE
HIJO DE DIOS, HIJO DEL HOMBRE
CORDERO INMOLADO
GOZO Y PAZ, FUERZA Y ESPERANZA
GRACIA QUE ALEJA EL TEMOR
JESÚS, QUÉ HERMOSO NOMBRE
JESÚS, QUÉ HERMOSO NOMBRE
VERDAD REVELADA, MI FUTURO SELLADO
SANADO MI DOLOR
AMOR Y LIBERTAD, VIDA Y CALOR
GRACIA QUE ALEJA EL TEMOR
JESÚS, QUÉ HERMOSO NOMBRE
JESÚS, QUÉ HERMOSO NOMBRE
RESCATÓ MI ALMA, MI FORTALEZA
ME LEVANTA DE LA VERGÜENZA
PERDÓN, SEGURIDAD, PODER Y AMOR
GRACIA QUE ALEJA EL TEMOR
JESÚS, QUÉ HERMOSO NOMBRE

1995 TANYA RICHES
HILLSONG PUBLISHING

iglesia local que está completamente determinada a ser lo que ha sido llamada a hacer. Esa grabación captura una mirada de un pueblo hambriento por más de Dios y desesperado por traer Su mundo al nuestro. Veo este deseo como algo cada vez más prevaleciente en el Cuerpo de Cristo. Esta hambre de Dios no es exclusiva de una iglesia o denominación en particular. La esposa está esperando con ansias y preparándose para la venida de su Amado. Grabamos discos porque queremos llevar a través de ellos a toda la humanidad a Su gloriosa presencia, animándolos a cantar canciones de lo profundo de su corazón, expresando su gratitud, gozo, amor y devoción a Dios.

Keith Green fue otro magnífico escritor de nuestro tiempo que escribió canciones que ayudaron a moldear espiritualmente una generación entera. "There is a redeemer", me atraviesa hasta los huesos. Escuché esta palabra profética hablada sobre Russell Fragar: "Y el ángel del Señor se parará a los pies de tu cama de noche y cantará cánticos sobre ti, oh gran escriba". Que manera tan divina de componer, que te canten canciones directo del cielo que traigan revelación, no solo música hermosa. Si estamos tratando de escribir el último álbum, con las mayores ventas, entonces hemos perdido totalmente nuestro propósito.

No somos una industria o un *mercado*. Somos la Iglesia de Dios, y tenemos la sorprendente responsabilidad de poner el sonido de la alabanza y la adoración en la boca de la gente.

El Mesías de Federico Handel (1685-1759) es una de los relatos musicales más grandes del Evangelio jamás compuestos, y todavía tiene un impacto profundo en el mundo hasta nuestros días. Handel mostró una inequívoca inclinación para la música siendo muy joven, pero su padre tenía otros planes para su vida. Estaba determinado a que su hijo fuera abogado y consideraba la música como "cierto tipo de entretenimiento indigno". Su padre hizo todo lo que pudo por mantener todos los instrumentos fuera del alcance de su hijo e incluso mantenía a su hijo sin ir a la escuela para evitar que fuera expuesto a las lecciones de música. Pero Handel tenía un deseo insaciable por tocar y se las arregló para esconder un viejo y pequeño piano de pared destartalado en el ático. Mientras el resto de la familia dormía, Handel tocaba el piano y ejercitaba sus pequeños dedos sobre las teclas hasta que le dolían. Tuvo éxito en aprender a tocar solo antes de que nadie se enterara. Handel solo tenía siete años de edad.

Un día se metió a hurtadillas en la capilla del duque de Saxe Weinssenfels para tocar el órgano, sin saber si alguien estaría por allí. El mismo duque lo escuchó tocar, y siendo un hombre musical, inmediatamente reconoció al prodigio musical que estaba tocando tan magníficamente delante de él. Se hizo cargo y le ordenó al padre de Handel que lo enviara a estudiar música de inmediato. ¡Qué intervención tan celestial; alabado sea Dios por el duque! ¡*El Mesias* tocó el cielo y cambió la tierra!

Cantad a Jehová cántico nuevo, porque ha hecho maravillas (...)
Cantad alegres a Jehová, toda la tierra; levantad la voz,
y aplaudid, y cantad salmos. Cantad salmos a Jehová con arpa;
con arpa y voz de cántico. Aclamad con trompetas y sonidos de bocina,
delante del rey Jehová.
Salmos 98:1,4-6

Salmos 40:3 dice: "Puso luego en mi boca cántico nuevo, alabanza a nuestro Dios. Verán esto muchos, y temerán, y confiarán en Jehová". ¡Cantamos canciones nuevas en Hillsong Church semana tras semana! La Palabra repetidamente nos exhorta a traer un cántico nuevo al Señor. Cantar una canción nueva es tener frescura en nuestro amor por Él, frescura en la revelación de Su Palabra.

Si usted escribe canciones de alabanza y adoración, aquí hay algunas claves prácticas que he aprendido que posiblemente puedan ayudarle:

1. Escriba canciones que reflejen lo que su pastor está enseñando

Las canciones que reflejan el mensaje actual a la iglesia penetran en los escuchas más allá de su mente y afectan su alma y su espíritu. Las canciones hacen que la Palabra sea fácil de recordar y establecen el mensaje en nuestro corazón. Si escucha cuidadosamente los discos de Hillsong, va a escuchar un tema a través de las letras de las canciones que muchas veces fue el resultado de los mensajes del pastor Brian.

El que usted le ponga música a los momentos decisivos de revelación de Dios de su vida es una manera poderosa de mantener esa Palabra cerca de usted. Un ejemplo de esto es la canción "What the Lord has done" escrita por Reuben Morgan para ser cantada el día del bautismo en agua de su propio hermano. Refleja un momento hermoso en la vida cuando un hombre deja su pasado atrás y se levanta de las aguas al nuevo tiempo que Dios ha reservado para Él. La estrofa es hermosa:

> *Y me levantaré de las aguas profundas*
> *A los brazos salvadores de Dios*
> *Y cantaré cánticos de salvación*
> *Jesucristo me ha liberado*

PONERLE MÚSICA A LOS MOMENTOS DECISIVOS DE REVELACIÓN DE SU VIDA DE DIOS ES UNA MANERA PODEROSA DE MANTENER ESA PALABRA CERCA DE USTED

2. Escriba canciones que sean sencillas de cantar por la gente

Cuando escriba canciones para la iglesia, asegúrese de que la gente no necesite ser Celine Dion o Michael Bolton para poder cantarlas. Escucho muchas canciones que producen asombro, canciones que son para presentaciones especiales, pero una canción debe ser accesible a la voz sin entrenamiento si queremos que la iglesia la cante.

3. Deje que se desarrolle una frase pegajosa y memorable

Esta es la melodía repetitiva y fuerte que lleva una idea a su destino y permite que el escucha participe con facilidad. Por ejemplo, en la canción de Miriam Webster "Dwelling Places", las palabras "I love You, I love You, I love You" son una melodía poderosa y sencilla, que permite que los adoradores entiendan el tema fácilmente y se apropien de él.

4. Profundice cuando componga

Algunas veces el primer borrador es la forma final, pero lo animo que lo deje a un lado por un tiempo. Luego un día o más días después, léalo como si nunca lo hubiera visto antes. Busque una idea nueva; explore una nueva expresión para ver si la letra puede ganar claridad y significado. Revise en oración la canción de principio a fin.

5. No escriba para un proyecto

Lo que sea que hagamos para el Señor debe venir del corazón. Escuche la canción de Matt Redman "The heart of the worship", y permita que la verdad de sus letras atraviese su alma. No es posible escribir para las alabanzas de los hombres y su recompensa en dinero, y al mismo tiempo traer el sonido y la canción que permitan que el cielo toque la tierra.

6. Sea una gran persona

Deje espacio para la crítica constructiva. Algunas canciones solo fueron concebidas para usted y el Señor. Si usted se vuelve demasiado sensible acerca de sus canciones, le resta un arduo y largo camino. Pelotee sus canciones con alguien en quien confíe y luego recuerde, la congregación es todavía la pista de pruebas más efectiva para canciones congregacionales. Si después de algunas semanas la canción no despega: ¡déjela ir! ¡Las canciones más grandes *todavía* están por escribirse, y la fuente, nuestro creativo, expansivo, generoso, siempre amante Dios es inagotable! La objetividad es el área en la que muchos compositores son noqueados en el cuadrilátero de la composición. No se permita ser herido por la crítica. En su lugar, acéptela, aprenda de ella y siga adelante.

7. Siempre pula el talento de la composición

Analice música que normalmente no escucharía. Piense más allá de sus preferencias musicales. Los músicos y cantantes más grandes son personas que escuchan mucha música.

8. Vaya a la Palabra

Siempre que voy a empezar a escribir, abro la Biblia y canto y adoro desde un salmo. No hay nada más inspirador.

> *Cantad a Jehová cántico nuevo;*
> *Cantad a Jehová, toda la tierra.*
> *Cantad a Jehová, bendecid su nombre;*
> *Anunciad de día en día su salvación.*
> *Proclamad entre las naciones su gloria,*
> *En todos los pueblos sus maravillas.*
> *Porque grande es Jehová,*
> *y digno de suprema alabanza;*
> *Salmos 96:1-4*

Russell Fragar y yo una vez estábamos determinados en traer una canción nueva a la iglesia. Aunque apenas teníamos dos horas, escribimos, ciframos y tuvimos "That's what He came here for" lista justo unos minutos antes de que comenzara el ensayo. La canción despegó, y fue todo. Enseñamos un promedio de treinta y cinco canciones anualmente, y a la gente de nuestra iglesia le encanta. Pero ha habido momentos en los que hemos enseñado una canción ¡*bastante mal!*

Una noche estábamos enseñando una canción fresca y nueva a la congregación. De hecho, era la canción que acababa de escribir la tarde anterior. Los músicos comenzaron la introducción, y fue hermoso. Tomé aire, me preparé para comenzar la estrofa, y no pude recordar exactamente como iba. Le hice una señal a los músicos para que siguieran tocando la introducción, mientras buscaba en mis bancos de memoria la frase inicial.

Cuando repetimos la introducción otro par de veces, se estaba poniendo ridículo, así que volteé hacia la congregación y dije: "¡No tengo ni idea de cómo empieza esta canción!". Todos se rieron, mientras tanto yo buscaba por todo el escenario para ver si había alguien que recordara la canción que acababa de enseñar durante el ensayo. Gracias a Dios, uno de los músicos comenzó a cantar la primera línea a mi oído. Mi cerebro reapareció, comenzamos la canción y la congregación nos ovacionó, seguimos adorando, y tuvimos una noche increíble en la casa del Señor.

LAS CANCIONES DE ALABANZA Y ADORACIÓN MÁS FUERTES SON AQUELLAS EN LAS QUE LE PONEMOS MÚSICA A LA PALABRA DE DIOS, SENCILLAMENTE PORQUE LA BIBLIA ES LA INFALIBLE, VIVIENTE, PALPITANTE PALABRA DE DIOS

Las canciones de alabanza y adoración más fuertes son aquellas en las que le ponemos música a la Palabra de Dios, sencillamente porque la Biblia es la infalible, viviente, palpitante Palabra de Dios. Las canciones que expresan nuestros sentimientos a Dios son muy íntimas y, tristemente, pueden recibir un poco de crítica. Pero hemos recibido miles de comunicados de hombres y mujeres de todas las edades agradeciéndonos estas canciones personales: "Nunca hubiera podido expresar estos sentimientos que tengo hacia el Señor, de la forma en la que ustedes me han ayudado a hacerlo". Honestamente siento que estas canciones han tenido un papel estratégico para traer un nuevo sentido de intimidad en la relación de la gente con el Señor. Me gusta cantar acerca de la majestad y maravilla de Dios, y es extraordinario poder expresarlo a través de palabras de íntima devoción a Él.

DIGNO ES EL CORDERO

GRACIAS POR LA CRUZ, SEÑOR
GRACIAS POR PAGAR EL PRECIO
CARGANDO MI VERGÜENZA
VINISTE EN AMOR
Y DISTE INMENSA GRACIA
GRACIAS POR TU AMOR, SEÑOR
GRACIAS POR LAS LLAGAS EN TUS MANOS
POR TU SANGRE LIMPIO SOY
LO QUE AHORA SÉ
ES TU ABRAZO Y PERDÓN
DIGNO ES EL CORDERO
SENTADO EN EL TRONO
TE CORONO CON CORONAS
VICTORIOSO REY
EXALTADO EN LO ALTO
JESÚS, HIJO DE DIOS
EL AMADO DEL CIELO EN LA CRUZ
DIGNO ES EL CORDERO
DIGNO ES EL CORDERO

2001 DARLENE ZSCHECH
HILLSONG PUBLISHING

Capítulo diez

EL HOGAR
ETERNO

HOGAR ETERNO

La casa de Dios no se trata de edificios y cosas; se trata de la gente, el Cuerpo de todos los creyentes, quienes son la Iglesia. Son el orgullo y gozo del cielo, unidos para hacer Su nombre famoso y Su alabanza gloriosa.

Una cosa he demandado a Jehová, ésta buscaré;
Que esté yo en la casa de Jehová todos los días de mi vida,
Para contemplar la hermosura de Jehová,
y para inquirir en su templo.
Salmos 27:4

Como un creyente individual, soy Su casa. Él vive en mí, y en Él tengo mi propósito. Pero hay una vida dinámica que solo se encuentra en el Reino, cuando los "amantes de Dios" se reúnen en unidad para ser la Iglesia: la esposa gloriosa, sin mancha, perfecta y hermosa para el Rey que va a volver. Creo que Dios está restaurando la alabanza y la adoración a Su Iglesia y que al mismo tiempo esta restaurando Su Iglesia, Su esposa. Nos está restaurando a ser lo que fuimos creados originalmente: las manos y los pies de Jesús. Colectivamente, nos unimos para crear una estructura formada por los testimonios poderosos de Su pueblo.

Ya estamos entrando a un siglo significativo en el Reino de Dios. ¿Puede sentirlo en el Espíritu Santo? La gente se está salvando en números sin precedente alrededor del mundo como nunca lo habíamos visto antes. Dios está haciendo que Su Iglesia se resista a la mentalidad de multitud que se conforma a los estándares del mundo y está ungiendo a Su novia llegar a irradiar Su gloria. Vemos señales y maravillas siguiendo la predicación de la Palabra; la presencia íntima y poderosa de Dios en la adoración colectiva está siendo cada vez más fuerte.

El gozo abunda genuinamente tanto en la casa del Señor como en nuestra vida diaria. La luz de la Iglesia está comenzando a llamar la atención, y el mundo quiere saber qué está pasando en la casa de Dios.

EN LA CASA DE DIOS HAY ESPACIO PARA QUE CADA UNO DE NOSOTROS ENCUENTRE UN LUGAR PARA SERVIR, FLORECER Y CRECER EN ÉL.

Yo tengo una revelación de la Iglesia que defiendo, amo y honro. La Iglesia no es el edificio: la Iglesia es la gente. La casa es el albergue de la Iglesia; el refugio, el santuario. He encontrado en mis viajes que están los que aman al Rey y participan en la Iglesia bajo el estandarte de "adoración y artes creativas", pero no aman la casa del Señor. Las personas que no aman su responsabilidad con la casa del Señor, la reunión colectiva de la iglesia local, muy probablemente decepcionarán el testimonio de la gloria de Dios. Como la hipocresía es fácil de encontrar en la casa de Dios, la gente se cansa de invertir su vida en servicio a la iglesia local. Pero he aprendido a confiar en Dios y no en el hombre. Le animo a que haga lo mismo.

"Estos confían en carros, y aquéllos en caballos; mas nosotros del nombre de Jehová nuestro Dios tendremos memoria", (Salmos 20:7). Dios *NUNCA* lo va a decepcionar. No tenga temor de los "y si" de servir en la iglesia o las cosas a las que posiblemente tenga que morir. ¡Comience a soñar acerca de los "que pasaría si" si usted en realidad sembrara su vida en algo mayor que usted mismo! *Usted* puede tener una revelación del poder de la casa de Dios. *Usted* puede tener una revelación de la Iglesia. Aquí hay cuatro claves para comenzar a ser efectivo y pleno al servir en la gran casa de Dios.

RECUERDE, HAY ESPACIO PARA TODOS

Juan 10:10 dice: "Yo he venido para que tengan *vida*, y para que la tengan en abundancia" (énfasis añadido). La Iglesia se trata del compromiso y dedicación que usted traiga a la familia de Dios. ¡Cuándo la casa del Señor está operando como debe, florece, crece, tiene éxito, se expande, ejerce influencia, abraza y es desafiante! Cuando la casa del Señor no está haciendo aquello para lo que nació, detiene, limita y frustra. ¡Y si su iglesia local es disfuncional, no va a haber nadie que lo anime en su llamado y en la ofrenda que usted haga de sus talentos al Señor!

Pero en la casa de Dios hay espacio para que cada uno de nosotros encuentre un lugar para servir, florecer y crecer en Él. En la casa de Dios vamos a vivir en toda su plenitud. De hecho la Biblia lo describe hermosamente: "Vida en abundancia". Y ahí hay lugar para su talento y para el de todos los demás en la casa de Dios. Salmos 52:8 dice: "Pero yo estoy como olivo verde en la casa de Dios". Personalmente, mi vida estaba avanzando como cristiana, pero no fue hasta que fui *plantada* profundamente en la casa de Dios que ¡comencé a florecer!

NO PUEDE EDIFICAR SOBRE UN FUNDAMENTO DE DUDA, TEMOR O INCREDULIDAD

¡O le confía a Dios su vida o no! El pone a personas en autoridad sobre usted, y es su papel honrarlas y servir sin quejarse o sentirse como si estuviera siendo hecho a un lado. Ninguna persona (trabajando en oposición) puede interferir con la cita divina de Dios y su tiempo divino para usted; ¡solo usted puede hacer eso! Cuando usted está trabajando a través de los principios de ser fiel en lo poco (Lucas 16:10), usted necesita amar la palabra *poco*. No solo soporte los comienzos como "marcar tarjeta". Servir a la casa del Señor es una decisión del corazón. Dios ama Su casa y hará todo para defenderla.

Nehemías 10:39 dice: "No abandonaremos la casa de nuestro Dios". Debemos valorarla, apreciarla y dar nuestra vida por ella. Éste es el secreto de caminar en Su camino y encontrar Su propósito y Su plan que va más allá de lo que pudiéramos pedir o pensar, Servir a la casa del Señor no es un viaje de temor; es un viaje de usar la fe para servir a otros.

NO PELEE CONTRA LOS AÑOS DE SILENCIO

Incluso Jesús fue fiel para servir y terminar sus años de entrenamiento en silencio. La Palabra dice: "Y descendió con ellos, y volvió a Nazaret, y estaba sujeto a ellos. Y su madre guardaba todas estas cosas en su corazón. Y Jesús crecía en sabiduría y en estatura, y en gracia para con Dios y los hombres", (Lucas 2:51-52). Jesús no tenía un ministerio mundial. Iba por el agua y hacía todo lo que sus padres le pedían que hiciera. Él fue fiel en las cosas cotidianas.

Pelear por su tiempo, su lugar, su voz, o su importancia siempre va a restringir su efectividad en la gran casa de Dios. Si usted es fiel con lo que le pertenece a alguien más, Dios le dará lo suyo. El campo de pruebas es cuando usted es un fiel mayordomo de lo que le pertenece a alguien más. Estos años de silencio, los necesarios y preciosos años en los que uno es invisible. Los años de silencio traen una profundidad a su devoción que no se puede encontrar en *remedios rápidos*. Los años de silencio que se llevan a cabo de la manera correcta construyen un fundamento de *confianza* entre usted y el Señor que no se puede sacudir con facilidad.

La adoración es preciosa para el propio corazón de Dios, y no es maravilla que Él obra en nuestro hombre interior continuamente mientras lo adoramos, porque Él quiere confiarnos con tanto. Personalmente estoy agradecida por los años en los que nadie me conocía, cuando la mano de Dios me corrigió continuamente con firmeza, preparándome para el futuro. Dios es el Padre máximo. ¡En la gran casa de Dios, recuerde, hay un tiempo en el que todas las cosas se resuelven por Su propósito, y que también hay un camino de obediencia que las trae a la existencia!

Igualmente, jóvenes, estad sujetos a los ancianos; y todos, sumisos unos a
otros, revestíos de humildad; porque: Dios resiste a los soberbios,
y da gracia a los humildes. Humillaos, pues, bajo la poderosa mano
de Dios, para que él os exalte cuando fuere tiempo; echando toda
vuestra ansiedad sobre él, porque él tiene cuidado de vosotros.
1 Pedro 5:5-7

LA GRANDEZA COMIENZA CON PERFECCIÓN DE CORAZÓN

En 2 Crónicas, Salomón a menudo se refiere a la devoción de corazón perfecto del rey David y de los hombres y mujeres de Dios que servían en la casa del Señor. Tener una actitud de corazón perfecto para el servicio libera la mano de Dios. La Escritura aquí habla del rey Amasías y su reinado. La primera mitad del historial de la vida de Amasías es acerca de su victoria y de su obediencia a Dios, y la segunda es acerca de su derrota y su desobediencia. A la mitad del libro de 2 Crónicas, vi el versículo de transición que habla de la vida de Amasías: "Hizo él lo recto ante los ojos de Jehová, aunque no de perfecto corazón", (2 Crónicas 25:2). Me pregunté si su actitud de corazón no perfecto fue el comienzo de su descenso. Estaba haciendo lo correcto (servía bien), pero no lo hacía de perfecto corazón. El corazón del rey Amasías divagó y comenzó a caminar en desobediencia.

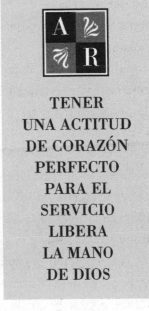

TENER UNA ACTITUD DE CORAZÓN PERFECTO PARA EL SERVICIO LIBERA LA MANO DE DIOS

MAGNÍFICA CASA DE DIOS

HAY UNA CASA
DIFERENTE DE CUALQUIER OTRA
LLENA DE LUZ Y AMOR
RADIANTE CON UNA GLORIA QUE
ES TOTALMENTE IRRESISTIBLE PARA TODOS
ES UN HOGAR ABIERTO
UN INMENSO LETRERO DE BIENVENIDA
CUELGA DE LA PUERTA
UNA PROVISIÓN ABUNDANTE
RISA Y CONVERSACIÓN SANA
Y PARA TODOS LOS QUE TENGAN PREGUNTAS
HAY RESPUESTAS
ABUNDANCIA DE ESPERANZA
A TODOS SE LES OFRECE SALVACIÓN
LA MISERICORDIA Y LA GRACIA BESAN A CADA UNO
UN FUEGO CREPITA DENTRO DE SUS PAREDES SÓLIDAS
SIEMPRE ALLÍ PARA CALENTAR Y ALIVIAR
SECANDO GENTILMENTE LOS ROSTROS MANCHADOS
DE LÁGRIMAS

AFIRMANDO AL ALMA DIVAGANTE...
Y TRAYENDO FUERTE CONSEJO...
PARA DAR DIRECCIÓN A TODOS
NEGOCIANDO ESTE VIAJE DE VIDA
MELODÍAS CAUTIVANTES
LLENAN CADA CENTÍMETRO DE CADA HABITACIÓN
UN NUEVO SONIDO DISPONIBLE
INCLUSO PARA EL OÍDO NO ENTRENADO
PROVOCANDO QUE CADA CORAZÓN
VOLUNTARIAMENTE CANTE
Y TODA RODILLA HUMILDEMENTE SE DOBLE
ESTA ES LA CASA QUE DOY MI VIDA PARA EDIFICAR
PARA REUNIR A SU IGLESIA...
Y TRAER SANIDAD A LAS NACIONES
ESTA ES LA ÚNICA CASA DIGNA DE UN REY
ESTA ES LA MAGNÍFICA CASA DE DIOS

Cuando nuestro corazón va en la dirección equivocada, limitamos la mano de Dios. Cualquier cosa que usted tiene la esperanza de hacer bien, debe ser enfrentada de perfecto corazón. Si quiere vivir como un adorador excelente en Su casa, debe acercarse a Él de corazón perfecto; no hay otra forma.

PÍDALE A DIOS QUE LE ENSEÑE A AMAR SU CASA

Nada es difícil cuando uno está enamorado. Pídale a Dios que incremente su capacidad de amar lo que Él ama y a amar establecer Su Reino a través de edificar Su gran casa. Hechos 20:28 dice: "Por tanto, mirad por vosotros, y por todo el rebaño en que el Espíritu Santo os ha puesto por obispos, para apacentar la iglesia del Señor, la cual él ganó por su propia sangre". Él compró a la Iglesia con Su propia sangre; la casa de Dios es importante.

Mark y yo a menudo pensamos en por qué amamos tanto la casa de Dios y porque hemos dado nuestra vida por ella. Una noche escribimos las razones siguientes por las que estamos apasionados por la Iglesia:

Amamos la presencia de Dios

La casa de Dios es el lugar donde Él está y le gusta ser adorado.

Nos gusta mucho el sentido de familia

La casa de Dios nos da un sentido de pertenencia. La Iglesia no es un club que excluya a nadie por no venir del trasfondo correcto. Es un lugar del tipo: "Ven como eres, te amamos, ¿cómo estás?". Ese rico sentido de familia es escaso en cualquier otro lado.

Es el mayor campo de aprendizaje de la vida

El que hayamos sido plantados en la casa de Dios desarrolló las habilidades de liderazgo que Mark y yo habíamos aprendido. Aquí estamos prosperando y aprendiendo a vivir una vida plena y abundante.

Nos gusta tener la capacidad de dar

Nos fascina dar a algo que edifica y restaura vidas, incluyendo la nuestra.Me gusta dar financieramente a la casa de Dios, porque sé que estoy sembrando en una tierra grande.

Es un lugar en el que los niños florecen

Semana a semana estoy viendo a mis hijos desarrollarse en individuos completamente enamorados de Jesús. Es tremendo ver a los hijos prosperar en el ambiente de una casa sana.

Nos gusta compartir nuestra vida

La casa de Dios es el lugar donde Mark y yo podemos compartir nuestra vida, nuestros sueños y nuestro futuro. Estamos convencidos de que Dios ha bendecido nuestra relación matrimonial porque hemos tomado la decisión de edificar la casa de Dios juntos.

Nos gusta ver nuestros dones en práctica y siendo pulidos

La casa de Dios es un lugar sano para poner nuestros dones y talentos en práctica, donde van a ser desafiados y encausados. Nuestros dones han sido probados y nuestro carácter sigue formándose al sembrar quienes somos y lo que hacemos en la casa.

Amamos a nuestros amigos en la casa de Dios

Hay amistades que han nacido y se han desarrollado en la casa que continuamente nos llenan. Tenemos el privilegio de relaciones comprometidas que han resistido la prueba, y sabemos que son amistades que siempre van a estar ahí.

En este momento, piense en la casa de Dios en la que usted está plantado y considere qué puede ofrecer a la mesa del banquete del Señor. Sus dones y talentos ayudarán a hacer de esa casa un lugar que honre al Señor en esta tierra hoy. Usted puede hacerlo al conocer a Dios y buscar la unidad en el cuerpo de creyentes con quienes comparte la casa de Dios. Usted puede servir a Dios y Su casa al amar la disciplina y la excelencia y por obedientemente traer su obsequio a la mesa solo por que Dios es digno.

EN ESTE MOMENTO, PIENSE EN LA CASA DE DIOS EN LA QUE USTED ESTÁ PLANTADO Y CONSIDERE QUÉ PUEDE OFRECER A LA MESA DEL BANQUETE DEL SEÑOR

La casa de Dios es radiante, y Su gloria será vista en toda la tierra mientras miles y miles de adoradores sin reservas, al adorar en espíritu y en verdad y levantar un poderoso estruendo de alabanza, continúen corriendo a los siempre abiertos brazos de Jesús. Sinceramente le pido a Dios que usted viva su vida sin reservas por la causa de Cristo. Permita que su sed por Su amor y Sus propósitos no se pueda apagar. Viva sin reservas para Él, de tal forma que los perdidos puedan conocerle y para que el mundo sea atraído a la irresistible presencia del Rey. Creo que el Padre anhela que Su pueblo sean adoradores sin reservas. Dios nos ha puesto juntos en la tierra para este tiempo y nos ha confiado esta época de alabanza, así que hagámoslo bien.

Oración de salvación

Mi oración por usted, querido amigo, sobre todo lo demás, es que usted entre en una relación divina con el Autor del amor mismo, Jesucristo. Permita que Su perfecto amor invada su vida y le robe el aliento.

Yo rendí mi vida al amor incondicional de Dios a una edad joven y descubrí que solo Su amor tenía la capacidad de presentar a esta mujer, una vez quebrantada, perfecta. Ahora vivo con Dios como mi Padre, Jesús como mi Salvador, y el Espíritu Santo como mi mejor amigo. Entiendo que esta realidad es abrumadora, pero es la verdad.

"Y conoceréis la verdad, y la verdad os hará libres", (Juan 8:32).

Darle la bienvenida a Jesús en su vida es tan sencillo como hacer una oración. Si usted no está seguro de su destino eterno, haga esta oración *hoy*:

> *Querido Señor Jesús:*
> *Hoy confieso mi necesidad de ti.*
> *Gracias por morir en la cruz*
> *para que pudiera tener vida.*
> *Gracias por perdonarme de mis pecados.*
> *Gracias por amarme,*
> *y gracias por el privilegio de amarte.*
> *Por favor dame la fuerza para seguirte*
> *con todo mi corazón y alma*
> *y traer gloria a tu nombre.*
> *Me entrego en tus manos.*
> *Siempre voy a amarte.*
> *Amén.*

Si usted ha hecho esta oración por la primera vez o ha rendido su vida a Cristo de nuevo, nos encantaría saber acerca de usted.

Por favor escríbame a Hillsong Church, P.O. Box 1195, Castle Hill NSW 1765, Australia.

Dirección de correo electrónico: *www.hillsong@hillsong.com*

Deleitar el corazón de Dios con su vida.

Los amo,

LA FAMILIA ZSCHECH

AMY, DARLENE, MARK, CHLOE
... Y LA BEBÉ ZOE-JEWEL

EPÍLOGO

Mi hermosa hija Amy calzaba del diez (10 E.U. o 6 A.L.) a los ¡doce! Todavía está creciendo, así que no sabemos qué talla va a usar cuando alcance toda su estatura. Mis pies son del ocho y medio, y los de mi madre del pequeño seis. Cada generación es cada vez mayor que la anterior. También vienen más fuertes en muchas formas; son más confiados, apasionados, sin temor y llenos de visión, con una actitud que dice: "Se puede". Si sus conductas increíblemente enfocadas son nutridas dentro de un ambiente piadoso, ¡el futuro de estos jóvenes valientes es magnífico!

Se escribirá esto para la generación venidera; y el pueblo que
está por nacer alabará a JAH,
Salmos 102:18

Los líderes cristianos tienen la responsabilidad de pasar todo lo que saben a la siguiente generación de creyentes. Nosotros, que hemos caminado con Dios podemos presumir de Él; podemos recomendar Sus obras a aquellos que vienen corriendo detrás de nosotros; podemos enseñarles cómo valorar el viaje y no resentirlo; y podemos mostrarles que la única manera de vivir la vida al máximo es a través de conocer a Cristo. Debemos decirle a esta nueva generación de las cosas asombrosas que Dios ha hecho y enseñarles acerca de Su fidelidad.

Yo tengo la convicción personal de levantar a esta generación de adoradores en las cosas de Dios. Quiero proveer una rica plataforma espiritual desde la cual los nuevos adoradores puedan ser lanzados. ¡Quiero ver a los jóvenes adoradores hacer proezas que nunca nos hubiéramos atrevido a soñar! Quiero ver adoradores sin reservas que sean ejemplos vivos y que muestren a la generación siguiente como entregar su vida. Quiero ver adoradores excelentes inspirando a la siguiente generación para que vivan de perfecto corazón para el Señor. Hay millones de jóvenes rogando por liderazgo que sea radical en su compromiso y que cumpla su palabra.

¿Su vida crea un manual viviente y palpitante de lo que es posible para aquellos alrededor de usted? Si su confesión personal está llena de palabras negativas —un tipo de actitud de "es que es tan difícil"— o si su vida está llena de un estrés carente de fe, entonces su ejemplo probablemente solo repelerá a aquellos que podría haber tenido la oportunidad de impactar. ¡Se requiere discipulado radical! La palabra clave aquí, mucho más que una lista de reglas y normas, es *visión*.

La visión inspira.
La visión le permite ver lo invisible.
La visión le hace hacer cosas que nunca hubiera soñado lograr.
La visión crea un ambiente en el cual un equipo
trabaja a su máximo potencial.
La visión lo empuja a ver más allá de lo obvio y ver lo sobrenatural.

Para ver una visión realizarse solo se requiere de buena vista. ¡Dar a luz en realidad una visión y después cuidar su desarrollo hasta su cumplimiento requiere gran fe, gran fuerza y gran sabiduría! Una cosa es tener una visión, pero es otra cosa comunicar esa visión y hacerla realidad para otros, para que puedan correr con ella y hacerla su aspiración también.

Generación a generación celebrará tus obras,
y anunciará tus poderosos hechos.
Salmos 145:4

El rey David estaba *apasionado* por una visión dada por Dios de construir el templo de Jerusalén. Estaba determinado a verla suceder. Soñaba acerca de ella, hablaba de ella, invirtió meses meditando cuidadosamente en los diseños y los materiales de construcción. El sueño era suyo. Entonces llegó el día en el que Dios mismo le dijo a David que le pasara la tarea de construir el templo a su hijo Salomón. David tenía que pasar la visión bien, con entusiasmo, sin remordimiento, sin guardarse nada. David le dio a su hijo Salomón todos los planos que Dios le había revelado (1 Crónicas 22:1-21).

David había llegado a un nivel de madurez en Dios. Había aprendido a obedecer con energía de corazón perfecto. La lección para nosotros es grande, porque David impartió su pasión, fe y valentía a Salomón, quien representa la siguiente generación de adoradores. Sus palabras a su hijo reflejan la comisión que ahora debemos pasar a los nuevos adoradores:

Dijo además David a Salomón su hijo:
Anímate y esfuérzate, y manos a la obra;
no temas, ni desmayes, porque Jehová Dios,
mi Dios, estará contigo; él no te dejará ni
te desamparará, hasta que acabes toda la
obra para el servicio de la casa de Jehová.
He aquí los grupos de los sacerdotes y
de los levitas, para todo el ministerio
de la casa de Dios, estarán contigo en
toda la obra; asimismo todos los
voluntarios e inteligentes para toda
forma de servicio, y los príncipes,
y todo el pueblo para ejecutar
todas tus órdenes.
1 Crónicas 28:20-21

LOS LÍDERES CRISTIANOS TIENEN LA RESPONSABILIDAD DE PASAR TODO LO QUE SABEN A LA SIGUIENTE GENERACIÓN DE CREYENTES

El apoyo desinteresado de David y su ánimo generoso mostraron gran fuerza de carácter. El primer libro de Crónicas 29:3 dice: "Además de esto, por cuanto tengo mi afecto en la casa de mi Dios, yo guardo en mi tesoro particular oro y plata que, además de todas las cosas que he preparado para la casa del santuario, he dado para la casa de mi Dios".

El liderazgo inspirador continuó cuando dio de su tesoro y riqueza personal. Su ejemplo en el dar motivó a los líderes de Israel para invertir su tesoro personal para la construcción del templo. El rey David finalmente reconoció que todas las cosas vienen de y pertenecen al Señor.

Cuando imparta visión a aquellos que están esperando su dirección, derrámese en ellos, dejándoles conocer y ver las cosas de la vida que son verdaderamente *valiosas*.

Algunas veces veo a estos jóvenes sorprendentes en nuestro equipo de adoración, que están *vivos* con visión, quienes dan todo, y que son buscadores de Dios; y alabo a Dios por la oportunidad de poder contribuir de alguna forma con su desarrollo para convertirse en *adoradores sin reservas*.

No siempre es sencillo guiar y equipar a la generación siguiente, pero eso es precisamente a lo que hemos sido llamados a hacer. Necesitamos estar dispuestos a hacer todo lo que sea necesario para verlos crecer y desarrollarse. Necesitamos estar dispuestos a poner "la estafeta" de regreso en su mano cuando la tiren, y estar preparados para que ellos hagan las cosas de manera diferente a la nuestra. No se rinda incluso si les toma un poco de tiempo encontrar sus pies. Aprenda a cubrirlos cuando la inmadurez se asome, cuando tomen decisiones o procedan con acciones que les falte sabiduría. Recuerde su propio viaje colorido al liderazgo.

Cuando mi amiga era joven y había sido cristiana por apenas algunas semanas, le preguntó a su líder de jóvenes si ella y un grupo de amigas recién convertidas podían hacer una rutina de baile en la iglesia. El líder de jóvenes fue pródigo en animar a estas bellas nuevas creyentes, así que sin ver o escuchar lo que estaban a punto de hacer dijo: "Perfecto. Vengan bailen para nosotros".

Bueno, la sangre huyó de su rostro cuando estas niñas inocentes, pero extremadamente entusiastas empezaron a bailar *It's raining men* de las Weather Girls. El coro dice: "Están lloviendo hombres, ¡aleluya!", ¡así que las niñas pensaron que era una canción piadosa! ¡Ay, ay, ay! La congregación estaba mortificada, sin embargo, ¡puedo ver a todo el cielo sonriendo y regocijándose mientras estas nuevas creyentes en Cristo presentaban su ofrenda!

Me gusta mucho sacar a relucir lecciones doradas para la vida de la vida de hombres y mujeres fuertes que han dedicado sus vidas a Él. La entrega de Billy Graham al llamado de Dios en su vida me ha dejado boquiabierta muchas veces, recordándome que viva mi vida totalmente en fuego para Dios. En su libro, *Tal como soy*, hay una sección increíble en la que reflexiona sobre su vida en el ministerio y da un gran consejo a los que vienen corriendo la carrera después de él. Dice: "También pasaría más tiempo en nutrirme espiritualmente, buscando acercarme más a Dios para ser más como Cristo. Invertiría más tiempo en oración, no solo por mí mismo, sino por otros" (Miami: Editorial Vida, 1998).

En su libro habla acerca de que lo invitaban mucho a predicar y como aprendió a manejar el éxito en el ministerio. Billy Graham también menciona que hubiera pasado más tiempo con su familia: "Cada día que estaba ausente de mi familia se fue para siempre. Aunque muchos de esos viajes eran necesarios, algunos no". Qué lección tan valiosa que aprender. Su vida consagrada me ha desafiado en muchos niveles y me inspira completamente.

Yo *adoro* a mi familia. Ser madre es uno de los regalos absolutamente increíbles de la vida. Mientras me siento a escribir esto, me encuentro cargando a mi nueva hija bebé recién nacida, Zoe-Jewel. Las palabras no pueden describir lo que siento por ella; es tan preciosa, totalmente antojable. Muchas personas me preguntan: "¿Cómo lo haces? ¿Cómo combinas el matrimonio, la maternidad y el ministerio?".

Durante años traté de ser una malabarista con todos los elementos de la vida. Sabía que tenía un llamado en mi vida para estar en el ministerio, y aun así sabía que nunca sería a expensas de mi familia. Cuando traté de jugar con *todas* las cajas, aprendí de la manera más dura que es difícil mantenerlas todas en el aire sin que se caigan al piso. Así que ya no tengo cajas para el ministerio, el matrimonio y la maternidad. En lugar de eso, el Señor me ha mostrado que hay un orden divino para mi vida. En lugar de tratar de asegurarme que todo esté en equilibrio (no hay una receta para el balance), Dios me mostró que debo salirme de la mentalidad de cajas y en lugar de eso, buscarlo para que *ordene divinamente* mi día. Cada día es diferente del día anterior. Las dinámicas cambian, pero el llamado en mi vida no. El matrimonio, la maternidad y el ministerio son partes cohesivas de ese llamado. Dios nos unge para todo nuestro llamado. (Debo escribir otro libro acerca de esto.)

La Palabra de Dios dice: "Instruye al niño en su camino, y aun cuando fuere viejo no se apartará de él", (Proverbios 22:6). Mark y yo ponemos nuestra confianza en ese pasaje de la Escritura como nuestro plano paternal para criar a nuestras bellas hijas como personas que valoren y amen la casa de Dios y todo lo que la casa del Rey representa. Pero recientemente vi esta Escritura bajo una nueva luz. Mi corazón es entrenar y enseñar a los músicos cristianos y cantantes para dedicarse completamente a la misión del Reino. Quiero guiarlos a que tengan su propia revelación personal del honor y privilegio de servir en la casa del Rey, el cual es el honor mayor para cualquier cantante o músico. Quiero entrenar adoradores para que sirvan al Señor con alegría y romper el molde de la conducta que tradicionalmente se acepta de una persona *creativa*.

Cada bebé recién nacido en este mundo nace buscando comida, persiguiendo el mejor alimento que de forma innata saben que los va a sostener. Una vez que el niño prueba la mejor comida, ¡ya no se conforma con menos! Mientras observaba la maravilla de mi recién nacida lista para ser alimentada y mi sentido de plenitud que venía de alimentarla solo con comida llena de los nutrientes necesarios para mantener su delicado nuevo ser sano y satisfecho, comprendí más claramente mi misión de ayudar a los bebés en Cristo a probar la bondad de Dios y verlos saturados de Su presencia manifiesta. Quiero guiar a la siguiente generación de adoradores y reemplazar el misterio que ha nublado su mente con encuentros con Dios. Una vez que los creyentes han probado y visto que Dios es bueno, una vez que han sentido la sonrisa de Dios mientras su ofrenda de adoración derrite Su corazón, una vez que aprenden que Su Palabra *no puede* mentir y que va a prevalecer sobre *todo* lo demás, no se van a poder conformar con menos que Su presencia.

Una vez que el creyente ha probado la bondad de la presencia de Dios en adoración, tocar música por tocar trae una frustración que es difícil de explicársela a alguien que no ha probado el cielo. Cuando los adoradores no pueden conformarse con menos que con lo mejor de la presencia de Dios, hemos alcanzado nuestra meta guiando a la siguiente generación de adoradores sin reservas. Mientras guiamos a la siguiente generación, se nos ha confiado que les señalemos la realidad de Jesús. Posiblemente una temporada intenten "iluminar fuera de la línea", pero finalmente sus papilas gustativas solo van a estar verdaderamente satisfechas por el honor divino de servir a Cristo.

Aun en la vejez y las canas, oh Dios, no me desampares,
hasta que anuncie tu poder a la posteridad,
y tu potencia a todos los que han de venir.
Salmos 71:18

Una vez cuando estaba en un viaje ministerial, acabábamos de terminar toda una noche de alabanza y adoración, y entonces hicimos un llamado a pasar al frente. Fue fantástico ver a tantas personas pasar al frente para aceptar a Cristo. Cuando un hombre, ya avanzado en sus setentas, caminó al frente y comenzó a llorar, Dios me dio una imagen de las generaciones que serían afectadas después de Él por esa decisión. Se me salen las lágrimas de solo pensar como lloraba delante del Señor. Dio un paso de obediencia que no solo era para él, que no era solo para su simiente, sino que transformaría la simiente de generaciones por venir. Estaba tan emocionada por él. Él no lo podía ver porque acababa de nacer del Espíritu en ese momento. Pero mientras estuvo allí de pie, lo vi cambiar las generaciones.

Al convertirnos en los adoradores sin reservas de hoy, vamos a cambiar a la siguiente generación de creyentes: la generación de Jesús, radical en su servicio, radical en su entrega, los adoradores sin reservas del mañana.

CREE

DIGO EL DOMINGO LO MUCHO QUE QUIERO EL AVIVAMIENTO
PERO ENTONCES EL LUNES, NI SIQUIERA PUEDO
ENCONTRAR MI BIBLIA
DÓNDE ESTÁ EL PODER
EL PODER DE LA CRUZ EN MI VIDA
ESTOY CANSADO DE JUGAR EL JUEGO DE LA RELIGIÓN
ESTOY CANSADO DE PERDER MI RAZÓN PARA VIVIR
DÓNDE ESTÁ EL PODER
EL PODER DE LA CRUZ EN MI VIDA
NO ME CONFORMO SOLO CON CAMINAR POR LA VIDA
CEDIENDO A LAS MENTIRAS
ANDANDO EN COMPONENDAS
AHORA CLAMAMOS COMO UNA GENERACIÓN
QUE ESTABA PERDIDA
PERO QUE AHORA ES ENCONTRADA EN EL PODER
DE LA CRUZ
CREEMOS EN TI, CREEMOS EN EL PODER
DE TUS PALABRAS Y SU VERDAD
CREEMOS EN TI POR LO CUAL RENDIMOS NUESTRA CAUSA
QUE NUESTRA CRUZ PUEDA SER HALLADA EN TI
NO ESTOY SATISFECHO HACIÉNDOLO A MI MANERA
NO ESTOY SATISFECHO CON HACERLO EN LA IGLESIA
Y LUEGO ALEJARME
NO ESTOY SATISFECHO, NO HAY AMOR EN MI VIDA SINO TÚ
NO ESTOY SATISFECHO VIVIENDO LAS HORAS DE AYER
NO ESTOY SATISFECHO TENIENDO LAS FORMAS PERO
NO EL PODER
NO ESTOY SATISFECHO, OH, SEÑOR,
ESTOY CRUCIFICADO EN TI

1999 DONNA LASIT
CITY BIBLE PUBLISHING**

¡PREPÁRESE PARA ALCANZAR UN NUEVO NIVEL EN SU VIDA!